I | 贝克德意志史
皇帝、改革者与政治家

Bismarck

Eberhard Kolb

俾斯麦

(德)埃伯哈德·科尔布 著　张丽 译

广西师范大学出版社
·桂林·

Bismarck by Eberhard Kolb
Copyright © Verlag C.H.Beck oHG, München 2014

著作权合同登记号桂图登字：20-2017-208 号

图书在版编目（CIP）数据

贝克德意志史.I：皇帝、改革者与政治家.俾斯麦 / （德）埃伯哈德·科尔布著；张丽译. —桂林：广西师范大学出版社，2021.1
ISBN 978-7-5598-3132-3

Ⅰ. ①贝… Ⅱ. ①埃… ②张… Ⅲ. 德意志帝国－历史②俾斯麦(Bismarck, Otto 1815-1898)－生平事迹 Ⅳ. ①K516.42②K835.167=43

中国版本图书馆 CIP 数据核字（2020）第 155053 号

出　　版：广西师范大学出版社
　　　　　广西桂林市五里店路 9 号　邮政编码：541004
网　　址：http://www.bbtpress.com
出版人：黄轩庄
全国新华书店经销
深圳市精彩印联合印务有限公司印刷
（深圳市光明新区白花洞第一工业区精雅科技园　邮政编码：518108）
开本：787 mm × 1 092 mm　1/32
印张：4.875　　　字数：74 千字
2021 年 1 月第 1 版　　2021 年 1 月第 1 次印刷
定价：198.00 元（全 7 册）

如发现印装质量问题，影响阅读，请与出版社发行部门联系调换。

目 录

第一章 一个阿尔特马克容克的青年时代（1815—1847）/ 1

第二章 从地主到政客（1847—1851）/ 17

第三章 驻法兰克福、彼得堡以及巴黎的
外交官生涯（1851—1862）/ 35

第四章 大普鲁士和帝国的建立（1862—1871）/ 59

第五章 巩固和维护和平（1871—1890）/ 99

第六章 告别权力之后（1890—1898）/ 135

时间表 / 149

第一章

一个阿尔特马克容克的青年时代
（1815—1847）

几乎任何一部俾斯麦传记，都忍不住将这位帝国奠定者复杂的人格，归于他从一对极不相称的父母身上遗传而来的迥异性情。俾斯麦的父亲费迪南德·冯·俾斯麦来自阿尔特马克区的乌拉德尔。这个骑士家庭对自己早于霍亨索伦家族在勃兰登堡区定居下来感到非常自豪。他们引领了乡村贵族的生活，并且一百多年来一直在普鲁士王国担任官员，尽管并没有展现出惊人的才能。1806年对于普鲁士来说是不幸的一年（普鲁士在耶拿战役中惨败），这一年，三十五岁的费迪南德和尚未满十七岁的路易丝·威廉明妮·门肯在波茨坦的驻军教堂举行了婚礼。新娘的父亲是一位声望很高的文官，曾经近距离服务过三任普鲁士国王，先后担任过内阁秘书和内阁资政。除了身居要职，同他的先人们一样，他还是一位知名学者。年龄、出身、教育程度、生活环境的差异，让费迪南德和路易丝几乎毫无共同点，也无法和谐相处；两人的婚姻很难称得上幸福。不过这样的做法依然纯粹是空想，即用遗传来貌似合理地解释俾斯麦性格中的矛盾，甚至假定这对夫妇的反差造成了他"成问题的本性"。如此解释需要谨慎对待，因为俾斯麦的哥哥伯恩哈德，有着同样的遗传，但他作为地主和县级官员的职业生涯并未超出常规。

费迪南德和路易丝有六个孩子，其中三个在童年时代夭折，剩下的三个除了奥托外，分别是1810年出生的伯恩哈德和1827年出生的马尔文，都活到了八十多岁。（他们的父亲活到了七十多岁，母亲则在五十岁时死于癌症。）1815年4月1日，奥托·冯·俾斯麦在舍恩豪森出生，该地位于马格德堡北面近五十公里处，靠近易北河右岸，属于他父亲家族的领地。但他不是在舍恩豪森，而是在波美拉尼亚东部度过了他的孩童时代。因为父亲堂兄的去世，俾斯麦的父母继承了在诺沃加德（位于首府什切青西北）的克尼普霍夫、雅尔和林及库尔茨三个骑士庄园，并于1816年春举家迁居克尼普霍夫，管理着三个骑士庄园，舍恩豪森则被租了出去。

俾斯麦后来一直不厌其烦地称赞克尼普霍夫是他孩童时代的天堂。在庄园那明亮的花园中，他对田野和森林的爱慢慢萌芽生长，并且贯穿了他的一生。但这段在克尼普霍夫的天堂般时光是那么短暂。六岁时，俾斯麦不得不离开美丽的乡村来到遥远的首都柏林，父母将他送到这里的一所寄宿小学上学，也就是他的哥哥伯恩哈德已经在其中就读的普拉曼学校。在这所学生大部分是易北河东岸容克贵族子弟的学校里，体操训练体系与严格的纪律紧密结合，对法国人的敌视和爱国主义精神无处不在。俾斯麦后来将之称为"人为的斯巴达主义"。小学这六年在他的回忆中，充满着厌恶和愤怒。1864年，俾斯麦对一位友人抱怨道："我的童年毁在了普拉曼，在那里，我感觉像坐牢一样。"他对母亲也充满了怨愤，因为她偏偏在七八月份去海边度假，使得她的儿子们无法回到他们深爱的克尼普霍夫过暑假。1827年，俾斯麦家的两个小伙子进入了文理中学学习，一开始他们念的是腓特烈大街上的腓特烈·威廉文理中学（1827—1830）。然后奥托去了修道院大街上的格劳恩修道院文理中学（1830—1832）。这几年间，两个小伙子住在父母给他们租的一栋房子里，冬天也都在柏林度过。当父母不在柏林的时候，奥托和伯恩哈德兄弟俩就由一位从舍恩豪森带过去的女仆照料，学业则由一位年轻的家庭教师负责，他尤其注意培养他们的外语能力。在此期间，俾斯麦的法语和英语达到了相当熟练的水平。

他的神学课程则由当时非常著名的神学家施莱尔马赫教授。然而，这门课程并没有让他产生很深的印象。就像人们说的：施莱尔马赫是他的老师，但他不是施莱尔马赫的学生。1830年复活节行完坚信礼后，俾斯麦对神学和上帝的怀疑开始滋长。1832年复活节，不满十七岁的俾斯麦通过文理中学毕业考试，可以进入大学学习了。

俾斯麦原本最想去海德堡，但母亲表示反对，因为担心儿子在那里染上喝啤酒的习惯，而她厌恶啤酒。于是俾斯麦选择了哥廷根，在这所大学就读的都是年轻贵族子弟，他们在这里为将来承担公职作准备。1832年5月初,俾斯麦注册入学,攻读法学与国家学。几个星期后,他加入了主要由市民阶级出身的学生组成的汉诺威兄弟会。俾斯麦在哥廷根的三个学期充满了奇闻轶事,但它们的真实性有待考察。无疑,他把这段时间看作他从长期以来忍受的家长作风中的解放。这位瘦瘦高高的十七岁少年,有着一头浓密的浅黄色头发,一张长着雀斑的脸,一副沉溺于放纵不羁的学生生活的德行,经常喝得酩酊大醉,债务累累,喜欢寻衅滋事,被关禁闭成了家常便饭。俾斯麦非常热衷于参加社团活动,并炫耀他的击剑技艺。1833年1月他在给哥哥的信里提到,自从米迦勒节①以来,他已经进行了十四次击剑决斗,"几乎每次都完胜对手,只受过一次伤"。年轻的俾斯麦不仅是个击剑高手,还是一个坚韧的骑师、一个泳池健将、一个受欢迎的舞伴。只有体操课,因为在普拉曼的痛苦记忆,令他非常厌恶。

  关于他上过的课程,现存资料不多。他似乎对学业一点也不上心。唯一感兴趣的课是历史学家阿诺德·赫恩的"欧洲国家制度"。至于他学了什么,他的回答是"外交"。在哥廷根待了三个学期后,俾斯麦于1832/1833年冬季学期到柏林大学交换,在那里待了三个多学期。关于他的这段时期,最常被引用的是俾斯麦写给他在哥廷根兄弟会的好友古斯塔夫·沙尔拉赫的信。它们以傲慢无礼的口吻写

---

① 西方教会为9月29日,东正教会为11月8日。

就，其中既透着辛辣的自嘲，又有着机智的挖苦。如果人们想从中就青年俾斯麦的本性和心态得出结论，得考虑这一点，即这些信是兄弟会这种学生组织的产物。俾斯麦在这些信里所描绘的崇武好力的自我形象只透露了他性格的一部分。另一方面，俾斯麦还是个头脑清晰、博学的年轻人，喜欢看歌剧，能说一口流利的法语和英语，在柏林的贵族圈子里，尤其是亲戚和好友家族的大圈子混得如鱼得水，且能与人缔结真挚的友情。他在柏林期间来往最密切的两个人后来成了他的终身挚友。一个是波罗的海贵族亚历山大·凯泽林伯爵，一个是美国人约翰·L.摩特利，后者后来成了美国驻维也纳和伦敦的公使，并在1839年出版小说《莫顿的希望》。小说人物奥托·冯·拉本马克的原型就是俾斯麦："在小酒馆和大街上，他表现得放荡不羁；在他家里，在烟斗和身影之中，他扯掉面具，同莫顿'理智地'交谈。"

令人吃惊的是，对于后来完全投身政治的俾斯麦在这一时期的政治观点，我们几乎一无所知。继1830年法国巴黎七月革命之后，德意志很多邦国也爆发了内政冲突，其中以1832年5月的汉巴赫集会和1833年4月的法兰克福觉醒风暴为最。自由主义和保守主义的倾向在行动中轮廓变得越来越清晰。这些冲突看起来对年轻俾斯麦的内心触动并不大。

虽然在学业上并没有太用功，1835年5月，在过完二十岁生日几周后，他尽可能早地通过了第一次国家司法考试。其中法典解释一科得了"良好",法律理论一科得了"合格"。

朝着密切留意的外交事业坚定前行,俾斯麦开始了进一步的训练——但很快事情就会生变。他按部就班地先是在柏林高等法院做见习律师,后在市法院当文书。在给朋友沙尔拉赫的信中他提到,这种生活令他相当满意。从早上八点工作到晚上八点,然后换衣服去社交。"我不断地陷入爱恋中,但经常变换我爱的对象。"同时,他抱怨起经济上的拮据,"老人"在经济上对他很严苛,以至于他在哥廷根的两笔重债一直没还上。

在第一年的实习期满之前,俾斯麦就决定从司法界改投政界。他了解到,普鲁士外交大臣对易北河东岸容克贵族处理外交事务的能力颇有微词;而比起司法界,行政部门出人头地的机会看起来更大。1836年1月,他向亚琛区长申请参加亚琛所需的考试——之所以选择一个莱茵兰的政府职务,是因为这个过程比在旧省要短。申请被批准。1836年春,俾斯麦在舍恩豪森结束了两次笔试。他在给好友沙尔拉赫的信中写道:"如果你现在在我身边,你一定会嘲笑我。整整四个礼拜,我一直坐在这栋被诅咒的大房子里,房子带尖拱,墙四英尺厚,三十个房间,其中只有两间有家具。华丽的花缎地毯磨旧了,几乎不能辨认出颜色,老鼠成群而过,风在烟囱里呼啸……我从未这么幸福过;一天只睡六个小时,在学习中找到巨大的愉悦。这两件事,我一直认为在我身上是不可能的。"参加的两门笔试分别得了"优秀"和"合格",口试也以"优秀"通过。1836年7月初,俾斯麦宣誓,成为政府候补官员,这使得他可以在亚琛区政府任职。

亚琛这座浮华的温泉城市聚居了来自世界各地的客人,对于对生活充满渴望的年轻俾斯麦而言,它提供的不只是无数分神的可能,还有切实的诱惑。这个来自易北河东岸的年轻容克尤其在英国贵族客人的圈子里感到自在,这个圈子对他诱惑最大的是年轻的女士们。他的第一段韵事很快就结束了,当他发现对方过于夸大了自己的家庭背景。但这位二十二岁的年轻人很快又热恋上了一位十七岁的英国贵族姑娘,名叫伊莎贝拉·洛林·史密斯,有着"金色的头发以及罕见的美丽"。他一头扎进这段暴风骤雨般的感情,不惜把一切赔上,包括他的职业前景。为了能够陪同意中人及其家人在德意志旅游,他申请了长假。1837年7月到9月他都在旅行,超出了请假的时间而未申请延期。他是如何经历了这几个月内心的强烈兴奋,对此我们所知甚少。他的朋友卡尔·弗里德里希·冯·萨维尼8月底收到一封从法兰克福寄来的信,在信中,俾斯麦提到了"我的家庭(请您暂时保密)",并宣布3月将在莱切斯特郡的斯卡斯代尔举行婚礼。沙尔拉赫在9月中旬也从斯特拉斯堡听说了俾斯麦将在春天结婚的消息。至于后来为什么婚约会取消,个中原因我们并不知晓。恩斯特·恩格尔贝格认为是财务上的原因。关于这段醉人但代价很高的冒险,七年后在给朋友沙尔拉赫的信中,俾斯麦用一种幽默的笔调轻描淡写道：这位美得摄人心魄的英国姑娘诱使他几个月追随她的足迹。"我终于把她追到手，谁知两个月后她被一个只有一只手的上校抢了过去，这人五十多岁了，但他有四匹马，还有一万五千的进账。我一贫如洗，痛心入骨，回到波美拉尼亚。"于是9月底，俾斯麦独自一人返乡，且背负着巨额债务，因为在威斯巴登的时候，他在牌桌上输得很惨（"超过一千七百塔勒，本来是有其他用途的"）。

因为不可能继续在亚琛工作，且被债主追债，俾斯麦申请到波茨坦区政府工作，且得到批准。就像亚琛区长带着微妙的讽刺写到的，这样他就可以"回到更加费力的公务活动中，这可是亚琛的社会条件怎么也争取不到的"。

在波茨坦的日子并没有持续多久。一方面他得去服拖延了很久的兵役，另一方面，1838年夏天，他决定放弃公职，回乡村过地主自由自在的生活。他的一个亲戚曾写信劝他继续从事公职，他在回信中详细解释了自己为何如此决定。他声称"文官的职位和所做之事的性质"天然对他没有吸引力，他的志向更多是指挥而不是服从，他喜欢演奏他认为好的音乐，否则宁愿放弃演奏。此外他深信，"单纯从物质角度考虑，我从事农业比担任公职更有利"。但他隐瞒了最重要的，也许是真正的原因，甚至是对他的父亲（他收到了这封信的一个副本）：担任公职的收入无法偿还他所欠下的巨额债务。相较之下，一旦将父亲经营不善的庄园翻新，农业产生的丰厚利润更有可能让他还清债务。

因此1838年夏末，俾斯麦请假回到家乡，虽然直到

1839年10月他才递交正式的辞职信，但决定是在1838年夏秋之际作出的：这时费迪南德·冯·俾斯麦决定将波美拉尼亚的庄园作为将来的遗产交给两个儿子，他自己则和十二岁的女儿马尔文居住在舍恩豪森。(重病的母亲在柏林求医，于1839年1月1日因癌症去世。)

接下来的两年，俾斯麦和他的哥哥一起经营克尼普霍夫的庄园。庄园有五百五十公顷的草场、牧场、森林和水域，但这在波美拉尼亚地区并不为奇。1841年伯恩哈德被选为诺沃加德县县长，搬去县城并结了婚。于是兄弟俩分了家：伯恩哈德得到库尔茨，奥托则得到了克尼普霍夫和雅尔和林。奥托也成了县议员，并且好几次作为县长代理。此外他还被选为波美拉尼亚省议员，代表骑士阶层的利益。

"疯狂的俾斯麦"的波美拉尼亚岁月通常被描绘成一幅欢快的画面，但不能忽视的是，他迅速地投入农业生产，熟悉农业问题，了解土地质量和农作物价值之间的关系，并查阅最新的农业文献，积极加入农业协会，实行现代企业的管理原则，严控各种开支。通过这些方法，他在短时间内提高了农作物的产量，虽然还在负债，但已经实现了盈利。此外，在这些年里，俾斯麦还阅读了歌德、席勒、让·保罗的作品，同时代人的诗歌（从乌兰特到海涅）以及哲学著作（尤其是斯宾诺莎、青年黑格尔派、达维德·弗里德里希·施特劳斯）。他还收集了大量地图集和地区地图，并经常沉浸其中。虽然他植根于某种普鲁士的乡村贵族传统，但他的精神世界和兴趣远远超出他的阶层。

1841年到1842年，他向潘辛一位庄园主的女儿奥蒂丽·冯·普特卡默尔求婚。但奥蒂丽的母亲坚决反对这桩婚事，女儿屈从了母亲的意志。这对俾斯麦的自尊来说是一个沉重打击。为了驱除心里的苦闷，他前往苏格兰、英格兰、法国和瑞士进行长达数月的旅行。等他回来，他已"差不多痊愈"，就像他让一个朋友知道的；他的"追寻妻子的双足完全僵硬，无法想象怎样的人才能诱使我求婚"。

在整顿波美拉尼亚庄园并使其取得经济成功之初，俾斯麦满足于做一个地主，享受着当地贵族圈活跃的社交，如舞会、戏剧演出、下午茶，以及其他活动。但是，当他实现经济上的稳定之后，他的活动范围变得过于狭窄，乡村地主生活让他深为不满。在给沙尔拉赫的信中，他抱怨有"一种近乎厌世的倦怠环绕着我"，他"在生命之河上如无主之舟一样漂流，控制着我的只有瞬间的倾向，对于在哪里靠岸漠不关心"。在这样彷徨而忧郁的心情中，1844年4月他向波茨坦区长申请，为复职作见习。申请被批准，但附加了一个很冷淡的说明，提到他早先担任公职时缺乏热情。5月3日俾斯麦入职。但是仅仅两个礼拜之后，他就以嫂子生了重病为由请假，而且假期过后没有回到部门工作，就像在亚琛时那样。他对沙尔拉赫说，他发现"这里的人和事如同以前一样陈腐且无益"。很显然：俾斯麦的人生正处于严重的危机中。

当俾斯麦开始同波美拉尼亚的虔信派圈子来往密切之后，这种存在的危机暂时得到缓解。这个圈子的中心是特里格拉夫的贵族阿道夫·冯·塔登，俾斯麦的同学莫里茨·冯·布兰肯堡也是其成员，他同塔登的女儿玛丽订了婚。主导这个圈子的精神是对《圣经》不经批判的相信，以及在日常生活中坚持寻找上帝之手的显现。虽然这对俾斯麦来说很陌生，但他很感佩这些人将上帝之道作为他们思想和行动的指南。虽然朋友莫里茨·冯·布兰肯堡在劝他改宗时的那种暴风雨般的热情——用宗教信件轰炸他——让他很恼火，他却和莫里茨的未婚妻玛丽畅谈起宗教和基督教。在这个过程中，他们产生了紧密的友情，甚至是爱。这份爱不仅没有实现，甚至没有言表。俾斯麦并没有接纳虔信派的生活方式，也未皈依为严格的基督徒，"但他重新信仰了个人化的上帝、天堂，以及基督教的救赎教义"（阿诺德·奥斯卡·迈尔语）。

1844年10月，在莫里茨与玛丽的婚礼上，俾斯麦初遇他未来的妻子；玛丽把他和她二十岁的朋友约翰娜·冯·普特卡默安排在一桌。此后两人不时在莫里茨那里碰面，但彼此并未更加亲近。

1845年是俾斯麦生活的转折点。他的父亲在这年去世，享年七十四岁。儿子们分割了家产。伯恩哈德除库尔茨外得到雅尔和林，奥托除克尼普霍夫外得到舍恩豪森，并在第二年迁居到那里（克尼普霍夫则用于出租）。所以现在他再次住进家族在阿尔特马克的祖宅，而且他立即决定在这个新的活动领域发挥作用。他很快成功地把在易北河的一次大洪水中渎职的堤坝长官挤走，自己接手这一职位；这是他的第一份独立公职。他还被选为萨克森省议会的骑士议员，而耶里肖夫县的县长一职也似乎触手可及。此外，俾斯麦现在开始参与跨地区的社会活动，即世袭管辖权的重组争议。他强烈反对官僚政治，支持维护世袭自治，坚决反对政府扩张国家权力的计划。在这些磋商中，他与有影响力的保守派同仁密切合作，尤其是与马德格堡地区高等法院院长恩斯特·路德维希·冯·格拉赫，后者是阿道夫·冯·塔登的姻亲，也是普鲁士保守派的先锋人物。俾斯麦似乎从所有这些活动中看到了充满希望的前景，于是在1846年拒绝了一份让他重返公职的邀请（一个体面的职位：东普鲁士的土地改良委员），虽然他的哥哥劝他接受。

1846年10月底，心爱的玛丽·冯·布兰肯堡病危的消息如晴天霹雳击中他；她在11月初的死讯让他深为震惊。他向妹妹马尔文坦承："事实上这是死亡第一次让我失去某个亲密之人，她的离去在我的生命中撕开了一个巨大的、意外的缺口；失去父母是另一回事，它是依据自然的进程而可以预见的。"

在溘然离世前的夏天的那几周，玛丽组织自己圈子里的朋友去哈尔茨山脉旅行，这些快乐的年轻人欣赏浪漫的风景，在月光照耀的夜晚，唱着门德尔松的歌曲，进行宗教辩论。俾斯麦和约翰娜·冯·普特卡默亦在其中，这次旅行让两人互生好感。二十二岁的约翰娜就像玛丽一样，虔诚但热爱生活："她的面容并不符合传统的美，但被深黑色秀发遮盖，她的那双会说话的蓝眼睛格外有生机。"俾斯麦后来的同事罗伯特·冯·科伊德尔这样描述她，拥有音乐才能的约翰娜那时会和他一起合奏。玛丽去世一个月后，俾斯麦在布兰肯堡的家里与约翰娜再次相遇，这一次相会时两人互定终身。然而他们还有阻碍需要克服，因为约翰娜虔信的父母绝对不会乐意俾斯麦这个据说"恶多善少"的人成为自己的女婿。1846年圣诞节前夕，俾斯麦写下他的第一篇"外交"文章，这是一封给海因里希·冯·普特卡默的提婚信。这封长信经常被引用，成为了解俾斯麦性格的重要资料。俾斯麦巧妙地从收信人的心理角度出发，以"毫无保留的坦率"和精妙的措辞回顾了自己迄今为止的生活，并得出结论：他几乎无法期望自己的请求会轻易得到有利的答复，但他请求对方给予机会，"向我解释您决意作出否定回答的原因，在您明确表示拒绝之前"。冯·普特卡默先生对这封信的回应很谨慎，而俾斯麦现在正全力以赴。1月初，他出于一时冲动去了一趟莱茵菲尔德，那里是波美拉尼亚最偏远的地方——几个小时内，婚约达成。1月12日他发电报给妹妹马尔文，只有两个字："顺利"。之后不久，他写信给哥哥："我并不认为那里的气氛有令人不快之处，但他们确实倾向于进行广泛的协商。谁知道她的父母会采取什么样的方式，如果我没有在第一眼见到我的新娘时，便紧紧地拥抱她，让他们瞠目结舌，从而把事情带向另一个阶段。五分钟之内，一切都被敲定。"他继续写道："顺便说一句，我认为我获得了极大的、超乎预期的幸福，能娶到一位精神如此不凡、思想极其高尚的女人，我从未认识过一位像她这样友善、易于相处的女人。"事实上,约翰娜正是那个俾斯麦需要的女人:她一生都忠实于他,把家里打理得井井有条,对孩子关心入微;最重要的是,她无条件地认同丈夫的见解、决定和行动,他的朋友便是她的朋友,他的敌人便是她的敌人。

多年来,俾斯麦在寻找适合自己的生活方式时,一直摇摆不定,也少有坚持。现在,随着订婚和1847年的其他事件,他开始了生命的新阶段,这使他有机会将自己的内在和外在存在置于一个牢固的基础之上,满足那压抑已久的对获得影响力的渴望。

第二章

从地主到政客
（1847—1851）

1847年有理由被视为俾斯麦生命中的关键之年。一方面，他和约翰娜·冯·普特卡默订婚，并在7月举行了婚礼。这为他的私人生活打下了坚实的基础。另一方面，他通过进入省议会，踏上了政治舞台，并发现这一领域很适合自己。这标志着对存在的漂泊不定的探寻结束，他告别了缺乏归属和前景的受挫状态。

订婚的情况前面已谈过。1847年1月底，俾斯麦离开莱茵菲尔德回到舍恩豪森，准备在易北河汛期到来时履职堤坝长官。彼时所有人的关注点都在国王腓特烈·威廉四世所召集的"联合邦议会"上，这个议会由各省议会的议员组成，有将近六百人（其中有俾斯麦父亲般的朋友阿道夫·冯·塔登和岳父海因里希·冯·普特卡默）。

俾斯麦一心想成为联合邦议会的成员。一开始他的前景并不被看好，因为他在萨克森省议会里只是一个候补。俾斯麦千方百计想让一个萨克森的骑士议员放弃资格，这样他就可以有机会。但他的努力没有成功。4月11日，国王召开的联合邦议会里，并没有他的身影。直到布劳希奇的一位议员因为重病辞任，俾斯麦才在5月初进入议会，成为最年轻的议员。考虑到他最终获得任命只是一个偶然，我们不妨来推想一下他后来的人生：如果没有联合邦议会为他充当通向迅速上升的政治生涯的跳板，尽管有着雄心和创造欲，他会依然是一个地主乡绅吗？不管是不是偶然，俾斯麦抓住了它。6月议会闭幕时，这位影响力从未超出家乡阿尔特马克的年轻容克，以其在绝对拥护国王时的锋芒，以及作为粗莽的极端保守主义者的典型，在整个普鲁士变得有名。

仅仅进入联合邦议会几天后，这位最年轻的议员便用他的首次抢眼亮相，引发了一场混乱。当时一位自由派议员要求普鲁士制定一部宪法，理由是1813年人民之所以发动起义反抗拿破仑的外来统治，其动力就是希望能够制定一部宪法。1815年才出生的议会菜鸟俾斯麦迫切地感到必须"纠正"这种论调。在会场此起彼伏的抱怨声中，俾斯麦宣称：如果一个人接受"普鲁士所遭受的外来民族的羞辱和虐待都不足以让他们的血液沸腾，对外来侵略者的仇恨不会压倒其他的感情［此处有很大的嘘声］"，那么他这是在损害国家的名誉。一些议员对俾斯麦关于解放战争的片面解读提出反对，俾斯麦用讽刺的话语进行了猛烈回击。他对自己没有亲历1813年战争一直很遗憾，但这时在听到议员们关于战争的发言后，他的遗憾变淡了。"我一直认为人民那时反抗的是外国的奴役，现在我被大家教会原来反抗的是国内的奴役。我非常感谢这一启蒙。"俾斯麦就是这样一个人！他会大胆地扑向他的政敌，用尖锐的发言、冷静的反讽和辛辣的嘲弄去激怒他的对手。在这次发言过后，自由派报纸将满腔愤怒对准这位"厚颜无耻"的容克，将他塑造成一个半是恶魔半是可笑的傀儡的人物。

虽然嗓音尖细，在寻找一个恰当的词时会陷入停滞，吞吞吐吐，但这不影响俾斯麦作为一个演说家的风采。他的语言总是那么生动形象，评论不乏机智或讽刺，令人振奋。即便是不赞同他观点的人，也会听得入迷。很久之后的1868年，尼采读完俾斯麦的演讲稿后，在给朋友格斯多夫的信中写道："俾斯麦给了我巨大的愉悦。读他的演讲，如饮醇酒。我压着舌头，让这酒不要那么快喝下去，这样，我就能够长时间地享受它。"

在保守派阵营里，有天赋的演说家屈指可数，因此这位年轻的议员可以通过他的演讲和热切地培植关系，在他所属的党派中迅速崛起，成为最重要的成员。6月中旬，在缺席了几天谈判后，他满意地注意到，"我在几个场合对反对派美化其恶行的谎言的戳破，给人留下了深刻印象，至少让我的缺席被人注意到，在六百人中这已经很可以了"。

6月底，俾斯麦作了可能是他在议会最重要的演讲，关于犹太人解放法案，该案意欲让犹太人有机会出任公职。自由派对法案表示欢迎。俾斯麦作为保守派发言人则予以反对。他讥讽地说自己属于被断然拒绝的"黑暗的中世纪"倾向的一员，依然坚持从娘胎里带出来的偏见。他的演说旗帜鲜明地维护一个基督教国家，它"致力于实现基督教教义"。

他强调，他并不是犹太人的敌人。除了"在基督教国家担任公职"之外，他愿意给予他们各种权利。事实上，犹太人当时已经具备了除担任公职之外的其他公民权利。因此他认为应保持现状。这项法案在实际中没有获得通过。

在联合邦议会的这几周里，俾斯麦发现自己是一个很有天赋的政治斗士。他满怀热情地投入各种混乱，以乡村贵族和传统等级君主制的忠实支持者和雄辩维护者的形象著称。当联合邦议会在1847年6月底解散，如洛塔尔·加尔所说，这位三十二岁的年轻人离开时带着"这样的名声：极端反动的容克，在雄辩而灵敏的外表之下，是一个彻头彻尾'向后看'的中世纪人"。

俾斯麦并没有将参加联合邦议会看作一次插曲，而是打算继续在政治上活跃。这一点从他在议会解散之后努力创办一份保守主义杂志就能看出来。他提出杂志的纲要，也即最重要的指导原则，是"维护普鲁士王国的独立"与"提升阶级的自由与自主"。一直到1848年1月，他都在进行各种谈判，努力寻找出资人，但没有获得很好的结果。

1847年春天和夏天，俾斯麦都处于一种巨大的内在紧张之中。因为他不仅置身联合邦议会的各种争斗之中，还是一个才订婚的未婚夫，他在远方的未婚妻体弱多病，偶尔会陷入忧郁，因此他一直很担心她，并责备自己不能待在她身边。但当时的交通状况也不允许他从柏林去莱茵菲尔德（后者地处东波美拉尼亚最偏远的地区），如果他不想错过议会会议的话，而他的确不想。在2月到7月初的这段时间里，这对未婚夫妻只是4月在莱茵菲尔德一起待了几天，其他的日子都分隔两地。分离促成了俾斯麦和未婚妻之间源源不断的通信，这些信件自1860年代晚期为人所知以来，成为伟大的德语散文典藏的一部分。在这三十多封被他称为"扯闲篇的信"中，俾斯麦燃放着语言的焰火，严肃和热情在其中保持着平衡。生动的环境描述和性格刻画，对自然风光的描绘，关于他的政治斗争的汇报，宗教主题，最重要的是他不停重复着的对约翰娜的爱和思念。因此这些信也是在那封给她父亲的信之后，对这位姑娘的不断陈情。终其一生，俾斯麦都在孜孜不倦地表达约翰娜和他们的婚姻对他来说意味着什么。1851年1月，他写道："如果没有你，我将不会成为一个上帝喜欢的人。你就像锚一样将我固定在善的岸边；如果它断裂了，上帝会怜悯我的灵魂。"

1847年7月，俾斯麦动身前往莱茵菲尔德，打算尽快完婚。他已在联合邦议会期间努力得到了岳父的首肯。7月28日，婚礼在卡舒本地区阿尔特科尔齐格洛的乡村教堂举行，婚礼过后，这对新婚夫妇乘车经克尼普霍夫来到舍恩豪森。在这里，约翰娜有几天的时间来熟悉她的新家，然后他们开始了长时间的蜜月旅行。对约翰娜来说，这是她有生以来第一次长途旅行。他们去了德累斯顿、布拉格、维也纳、萨尔茨堡和梅拉诺，然后去了威尼斯。在那里，俾斯麦偶遇普鲁士国王。国王对这位年轻政治家在联合邦议会期间的行为表示满意。他们的回程途经瑞士和莱茵地区。10月初，夫妻俩抵达舍恩豪森。接下来该怎么办呢？这时候三月革命爆发，给俾斯麦的工作开启了全新的前景。

然而一开始，3月17日和18日两天发生在柏林的革命，似乎是要让俾斯麦那刚刚起步的、大有前途的政治生涯戛然而止。因为在新的政治秩序中，一个被打上大反动派和保王派标签的容克地主很难扮演一个显著角色。但事情很快明朗，三月革命对俾斯麦来说是运气突降。随着事态发展以及他所采取的应对方式，一年内俾斯麦重回政治舞台，并且确立了他在保守派组成的反革命阵线中的重要地位。

俾斯麦不能接受柏林街垒战斗者的胜利。得知3月17日和18日在柏林发生的事件后，他第一时间的自发反应是带领舍恩豪森的农民去柏林，不过之后还是决定独自去波茨坦说服那里的将军们，他们必须采取军事行动，履行自己的责任，因为国王在柏林已被剥夺行动自由。最后，他甚至试图去见国王本人，不过徒劳无功。这些持续了好几天的试探因为3月25日的反革命军事行动结束。这天，国王突然出现在波茨坦，并对守卫的军官们发表讲话，反对对革命实行军事打击，宣称"他从未像现在在柏林市民的保护下这般自由、安全"。两天后，他任命了坎普豪森-汉泽曼的"三月内阁"。

这标志着一次军事对抗行动计划的终结。但对于俾斯麦——这段时间有助于他探知更高层的人物——来说，这次插曲有着持久的后果：他与王储威廉的妻子、将来的皇后奥古斯塔王妃结下了不共戴天之仇。3月23日两人见面时究竟发生了什么，无法得出定论。后来两位当事人的说法相互抵牾。根据俾斯麦的版本，他是想从她那里打听到王储的下落，说服这位被视为充满活力的继承人即位。王妃没有回答问题，而是认为国王和王储都应该让位，由她尚未成年的儿子腓特烈·威廉继位，由她来摄政。这一点，王妃在她多年后的回忆录里并没有提及，却讲到了这位阿尔特马克容克的行为，称他不忠到近乎奸诈。自从那次会面之后，奥古斯塔王妃对俾斯麦就一直充满厌恶之情，当他后来担任首相，这成了他一个很大的负担。

俾斯麦在3月底心灰意冷地回到了舍恩豪森。对于路德维希·格拉赫热情地号召集结反革命势力发起进攻，他只想补充一句——"不要反抗，甘愿牺牲"（呼吁书公布时没有这句话）。保守派的旗手们对俾斯麦出席4月初召开的第二次联合邦议会也表示了很大的不满。虽然俾斯麦属于少部分投票反对致答辞（因为它对最近发生的事情表示高兴和感谢）的人，但他也没有在他的简短发言中提及路德维希·冯·格拉赫的委托。作为一个清醒的现实主义者，与那些比他大二十岁的顽固的教条主义者不同，他信奉的是"通过环境的力量来推动"他无法改变的局面。他用简短的话语为老普鲁士哀悼："过去已被埋葬，在君主本人已向它的棺材抛洒泥土之后，无人有回天之力，对此我比你们任何一个都痛惋。"在邦议会解散后几天，俾斯麦暂时结束了他的议员事务。他并未想过竞选法兰克福国民议会，在普鲁士国民议会赢得一个议席的机会也很渺茫，以至于他完全未作相应的努力。

没有任何对事态发展施加影响的可能，于是俾斯麦整个夏天和秋天都待在莱茵菲尔德观望。但他并非完全消极。在这几个月里，他尤其在两个方面变得活跃：一是报刊的宣传鼓动，二是为大地主组建一个利益代表团体。

3月底，随着报刊审查制度废除，报纸、杂志和宣传册如雨后春笋般涌现，但保守派没有一个属于自己的报刊；俾斯麦去年的尝试没有成功。为了创办一份共有的保守派日报，从4月份开始，一个以路德维希·冯·格拉赫和预定主编赫尔曼·瓦格纳为中心的小团队就在努力争取。俾斯麦并没有在创始人团队中（格拉赫明显对他在"死亡议会"上的表现耿耿于怀），但是自《新普鲁士报》（通常被称为《十字报》）从7月4日定期出版以来，俾斯麦就成了报纸热心的合作者，当时报纸还不讲究选择和政敌们斗争的方法。俾斯麦那些充满战斗力和侵略性的文章，就像当时常见的处理手法，是没有署名的，只有在很少的情况下，才能证实他的作者身份。

7月，俾斯麦在莱茵菲尔德和一些同事协商，决定召集普鲁士各省保守派开会，以建立一个协会来保护大地主们的物质利益。这一倡议促成了所谓"容克议会"的召开。8月18日至19日，四百多名乡村贵族和一些农民齐聚柏林，表达了保守派地主们的意见和利益，对公众施加影响。俾斯麦积极参与了全体会议和委员会中的协商，他关于土地税的发言给大家留下了很深刻的印象。他对大会的进程非常满意，尤其是因为他在同侪中的名望比以前更加高了。容克议会结束两天后，俾斯麦的第一个孩子、女儿玛丽在舍恩豪森出生。

整个夏天，俾斯麦作为鼓动者和组织者四处活动。从9月开始，通过结交宫廷圈子，他的活动范围得到扩张。维也纳的十月起义被奥地利军队镇压之后，整个欧洲的反革命势力（包括普鲁士）都感受到了黎明的气息。保守派一直在和普菲尔内阁作斗争，现在他们达到了目的。在普菲尔辞职后，腓特烈·威廉四世委任了以勃兰登堡伯爵为首相以及精力旺盛的奥托·冯·曼陀菲尔为内政大臣的紧急内阁。这个内阁一组成就毫不迟疑地开展了反对革命的各项工作：11月9日，普鲁士国民议会迁至勃兰登堡，并一直休会到27日；11月10日，冯·弗兰格尔将军和他的部队进驻柏林，11月14日首都施行戒严令；12月5日，国王宣布解散国民议会，一天后，颁行《普鲁士国家宪章》，命令依照宪法中的规定选举两院，并在1849年2月26日开会修改宪法。政变因而成了既成事实。

在政变的准备阶段以及关键时期，俾斯麦不知疲倦地奔走。12月初，在给哥哥的信中他写道：他就像"一个钟摆在舍恩豪森和柏林、波茨坦和勃兰登堡之间来回摆动"。在这几个星期里，他是他们这个"宫廷党"里的一位"能干又睿智的执行者"。格拉赫兄弟周围聚集的小圈子这样描述自己："一个隐藏在后面运作、类似第二政府的小团体，一直在督促我们犹豫不决、反复无常的国王采取反革命行动，最终取得了成功"。

俾斯麦并不属于宫廷党的核心，事实上他只是一个忙碌的副手。不过即便并未处于显要的位置，而是埋头于调解工作,他的名字也上了在宫廷流传的大臣候选人名单。但因为他作为反动的煽动者的名声太大,国王在俾斯麦的名字后面批示:等到短兵相接时,才用此人。

从一开始,俾斯麦就下定决心要获得新议会的议席。在舍恩豪森所在的耶里肖夫选区没有希望成为候选人,他便去维斯特哈维兰德选区的勃兰登堡竞选,对手是在那里很受欢迎的市长。他全身心投入选战,最后以微弱多数进入下议院。2月6号,国王在宫廷里的白厅为下议院举行开幕式。由此,俾斯麦重回议会舞台,之后的两年多,他的生活都与议会活动紧密相连。因此,这段议员生涯并不只是他生活的插曲。他在多大程度上将政治视为自己的志业,从如下这件事也可以看出:1849年夏天,他将舍恩豪森的庄园租了出去(保留了宅邸,作为家人暂居之处)。

这个在1849年1月和2月间选出来的下议院存在时间非常短。随着左派提出的在柏林解除戒严的动议获得通过,政府遭到严重挫败,国王在4月27日解散了议会。在议会解散前几天,俾斯麦作了一次备受关注的演讲,对圣保罗教堂的工作进行了无情的清算。由俾斯麦代表的极右派决绝地反对采纳圣保罗教堂宪法,反对腓特烈·威廉四世接受皇位。俾斯麦在演讲中毫不客气地说道:"德意志的统一是每个说德语的人都梦寐以求的,但我不想要这部宪法……法兰克福人的皇冠也许光彩十足,但赋予光彩真实性的黄金只是将普鲁士的王冠熔化而得来,我决不相信以这部宪法的形式来重铸会取得成功。"因此在这个问题上,俾斯麦清楚地表明了自己的立场：如果需要牺牲普鲁士的利益来换取德意志的国家统一，他宁愿普鲁士还是普鲁士。

在5月底国王凭借紧急命令实施三级选举后，新的邦议会在7月被选举出来。因为民主派抵制了这次选举，保守派的结果好过预期。俾斯麦保住了议席，但很艰难，因为甚至在一些保守派人士看来，他的态度也过于强硬。他告诉约翰娜在勃兰登堡流传的口号："是的，我们是保守派，十足的保守派，但不是俾斯麦派。"新选出来的下院忙于修改之前被强加的宪法。12月通过的修正版本被认为是"一种倒退，建立在保守派和右翼自由主义者妥协的基础上"（恩斯特·鲁道夫·胡贝尔语）。现在普遍关注的焦点还是德意志问题。因为在圣保罗教堂的失败之后，普鲁士的统治者发起了一阵政治攻势，目的是建立一个将哈布斯堡王朝排除在外的统一的德意志国。由深受国王信任的顾问约瑟夫-玛丽亚·冯·拉多维茨所倡导的"统一政策"，从一开始就遭到了包括俾斯麦在内的保守派的反对，因为对他们来说，普鲁士王国是一切事情的尺度。俾斯麦异常尖锐地对拉多维茨评价道："普鲁士的邪恶天才……他所做的一切都不会成功。"在宪法专家，同时也是保守派权威理论家弗里德里希·尤里乌斯·施塔尔的纪念册页上，他这样写道，"因此我们的口号不是：为了邦联不惜一切代价，而是：为了普鲁士王权的完整不惜一切代价"。

经过普鲁士政府和其他邦国政府的磋商，产生了一部临时宪法，这个宪法将由联盟议会加以修订。联盟议会的"众议院"将于1850年1月在三级选举的基础上产生。俾斯麦赢得了一个席位,并且成为书记官。联盟议会从1850年3月20日到4月25日在埃尔福特的奥古斯丁教堂召开会议,路德曾经在这个教堂布道。因为民主派弃权,圣保罗教堂的世袭帝制派[①]在选举中获得多数,保守派只占据了一小部分席位,因此处于一种尴尬的境地。作为极端保守派的俾斯麦一马当先反对联盟政策,因为在他看来,这会使得"普鲁士沦为附庸"。但这项政策得到政府和国王的全力支持。因此他只能持保留意见(就像俾斯麦4月15日在他的演讲里说的),然后希望其他方面的势力来破坏该计划,而事情正是这么发生的。因为没有积极的成果,埃尔福特议会被迫解散。对于这一点,俾斯麦在1849年8月给妻子的信里已经有所预见:"[德意志]问题并不是议会能解决的,而是由外交和军队来决定的。所有我们的空谈和决定,不过是一个伤感的青年对着月光构建的空中楼阁,以为一些突如其来的实践会让他变成一个伟人。"

1849年与1850年之交的冬天,俾斯麦和家人一起在柏林度过(12月28日,他的儿子赫伯特出生)。经过埃尔福特的任期之后,他同家人在舍恩豪森和波美拉尼亚享受了一整个夏天的时光。这是他人生中最后一个悠闲的夏天。1850年

---

① 由法兰克福国民议会的韦斯滕德霍尔派(Westendhall)和卡西诺派(Casino)组成的联盟。像当时绝大多数议会团体,其名字都源于成员经常聚会之地。韦斯滕德霍尔为一家旅馆的名字,虽然该派实际上支持共和政体,但为了获得大多数选票,部分同意卡西诺派的立场,并在决定性的投票中支持世袭统治。卡西诺是一家俱乐部的名字,是圣保罗教堂规模和影响力最大的派别,成员主要来自知识阶层。

秋天，当政治形势愈加尖锐，他承认："自从埃尔福特议会解散之后，我就没有认真考虑过政治问题……"

10月以来，大家慢慢发现，拉多维茨将普鲁士的政治带进了死胡同。当奥地利在新的执政者费利克斯·施瓦岑贝格亲王的带领下重新崛起之后，1850年5月德意志邦联议会在法兰克福重新成立，反对普鲁士成立一个将哈布斯堡王朝排除在外的德意志联邦。同时，施瓦岑贝格确信能获得俄国人的支持，因为对于沙皇来说，联盟政策是"革命"的一部分。由于黑森选侯国的问题，战争一触即发，但在最后关头，普鲁士妥协了。11月初，拉多维茨被免除外交大臣之职。俾斯麦在莱茵菲尔德听说这个消息时，欢欣鼓舞。他在给瓦格纳的信中写道，他高兴得把凳子当马"绕着桌子骑"。他立刻前往柏林，为了和平，在政府各部门和派别间不知疲倦地调解。

11月29日，施瓦岑贝格亲王代表奥地利，奥托·冯·曼陀菲尔代表普鲁士在奥尔米茨签署一份"草约"。普鲁士放弃其主张的德意志联邦，同意回到法兰克福邦联议会，而其所要求的在德意志邦联中的同等领导地位，并未得到奥地利的许诺。在一项秘密条款里，普鲁士还承诺解散自己的军队。

《奥尔米茨草约》在普鲁士几乎被普遍视为一场屈辱的政治失败、一次丑闻。当政府必须在下议院为协议的达成进行辩护时，他们发现自己完全处于一种棘手的境地。下议院在1850年12月3日召开的会议成了俾斯麦时间。毫不夸张地说，这场演讲决定了俾斯麦的政治生涯。

他的这场演讲在修辞学上堪称典范，同时在外交策略上也是华美之作。时至今日，大国为什么要发动战争？俾斯麦这样问道，并且用极富魅力的措辞作出回答："一个大国唯一健全的基础，乃在于国家的利己主义，而不是浪漫主义，也正是这点使得它在本质上迥异于小国。对于一个大国来说，为了不符合自己利益的事情而战是不值得的。因此，先生们，请你们告诉我一个值得发动战争的理由……"在议院吹响战争的号角，发表雷鸣般的演说，然后"让滑膛枪手在雪地中流血到死，来决定他的体制是否会赢得胜利和荣誉，这很容易。再也没比这更容易的，但政治家如今没有一个战后还能站得住脚的理由就宣战，这是悲哀的"。对于那些仔细听了这场演讲的人来说，这些行为——突然拒绝一场战争，推动联盟计划（就此他向他的极端保守派朋友们掏心掏肺过）——背后揭示了另外一个俾斯麦，他不再单纯代表容克阶级的利益，而是支持以国家理性为导向的强权国家政策，进而已经偏离了格拉赫圈子的教条主义原则。保守派对俾斯麦演讲所取得的成功非常高兴，他们将演讲印刷了两万份，在全国分发。

俾斯麦的奥尔米茨讲话被认为是他一生中最重要的一场演讲，他在支持陷入艰难境地的国王和政府时所展示的胆魄和能力，让他成为更高职务的可取人选。不过实际委任还需等几个月。1851年的最初几周，俾斯麦很忙碌。他在邦议会发表引人注目的演讲，参加了大量会议，被要求给出人事建议，宫廷舞会则给他提供了和国王谈话的机会。1851年春，普鲁士急需派人去法兰克福参加邦联议会，这个人选"必须能够在与奥地利的对峙和长远合作之间保持平衡"（洛塔尔·加尔语），俾斯麦被列入候选人名单。4月底，国王接受提议，同意让这位外交界新人先去法兰克福当两个月的一等秘书，熟悉一下工作，之后再作为全权公使委派到邦联议会。5月初，这项任命被传扬开去，所有人都非常惊讶，因为一个既没有外交职业经历，又没有在政府中担任过要职的人得到了"普鲁士外交领域目前最重要的职位"（俾斯麦对约翰娜语）。这个人迄今为止只在议会中为国王和政府服务过。这也可以被视为一个新时代来临的标志。在绕了很多弯路后，这个现在已经三十六岁的普鲁士人实现了他学生时代的梦想：他成了一位外交官，而且处于领导地位。

第三章

驻法兰克福、彼得堡以及巴黎的外交官生涯

（1851—1862）

在法兰克福、圣彼得堡以及巴黎担任特命全权公使的十一年，是俾斯麦在外交上的学徒期和熟手期，在这些年里，他开阔了视野，在所有政策领域都积累了丰富的经验，对各个大国和中等国家的利益有了明确认识，并亲身了解了德意志和国际舞台上最重要的政治人物，包括他们的性格、目标和野心。因此到1862年9月成为普鲁士首相时，他已经对德意志和欧洲非常熟悉。

被任命为普鲁士在邦联议会的代表，给了俾斯麦的事业以决定性的助力。他意识到自己一开始只是"外交领域的菜鸟"，但他被这一坚定的信念鼓舞，即他有着坚实的基础。"这一基础是普鲁士内外一体的国家利益，这里被理解为在受制于传统秩序的同时，君主制有着不容争辩的合法性"（洛塔尔·加尔语）。

1851年5月初抵达法兰克福后，俾斯麦立即怀着极大的热情投入工作。他非常享受对他而言还很陌生的外交事务世界、拥有国际化氛围的法兰克福的社交生活，以及莱茵河和美因河畔他经常骑马和远足去探寻的美丽风光。在7月的一封给约翰娜的信中，他热情地描述了他去吕德斯海姆的旅行："我在莱茵河上泛舟，在月光下游泳，只有鼻子和眼睛露在温热的水面上，一直游到宾根的鼠塔……水波轻轻推着我，头上是明月和漫天星光，身侧是郁郁葱葱的山峰，耳边只有自己轻拍水波的声音。"

10月，约翰娜和孩子们搬到法兰克福。1852年夏天，这个家庭又增加了新成员。1852年8月1日，俾斯麦的二儿子威廉出生，教父是普鲁士的威廉亲王和首相冯·曼陀菲尔。在法兰克福的近八年，俾斯麦一家享受了愉悦的家庭时光。他们养成了一种将简朴、洒脱和世故独特地融合在一起的生活方式。约翰娜赞扬她丈夫"像狮子一样健康"。在邦联议会的第一年，俾斯麦至少乘坐火车十六次往返柏林和法兰克福（每次车程都要二十五个小时），以参加下议院的会议，因为按照国王的意愿，他还保留了议员的席位。1852年秋，国王才不情愿地让他离开议院。但俾斯麦继续对普鲁士的内政发挥影响，因为从1854年起，他作为什切青公爵领地的代表成了上议院成员。

俾斯麦后来有一次在回顾中说道："法兰克福那段时光让人惬意。年轻的丈夫，健康的孩子，一年三个月的假期。在法兰克福只需要做邦联议会的工作。剩下的就是莱茵河、奥登瓦尔德山和海德堡。"俾斯麦在法兰克福的这些年，是否真的这么逍遥快活？既是，也不是。一方面，他有着幸福的婚姻和家庭生活、备受瞩目的社会地位，同所有欧洲国家的王侯、大臣和外交家往来频繁；另一方面，俾斯麦的政治职务依然艰难棘手，因为他处于与拥有主席权力的奥地利的令人极度紧张的持续冲突中。1859年到1860年间，在卸任法兰克福公使之后，俾斯麦生了一场重病（之后会提到），他对时任外交大臣说，他认为"这场疾病是我对在法兰克福八年所有看到却无法改变的事情所积累的愤怒的爆发"。

在专著《俾斯麦在邦联议会与奥地利的斗争》中，阿诺德·奥斯卡·迈尔详细描述了那些年让俾斯麦如坐针毡的核心争论。俾斯麦如他反复强调的，在前往法兰克福的时候，并不是反奥地利派。他之所以被派到那里，是因为他以"革命"的坚定反对者而闻名，因为他在奥尔米茨会议期间为普鲁士和奥地利的合作大声疾呼。这也是国王和宫廷党所看重的。腓特烈·威廉四世一直强调，在德意志只有普鲁士和奥地利的联盟能将"狞笑的野兽关进笼子里"（这里的"野兽"指的是"革命"和自由派的统治）。极端保守派的领袖路德维希·冯·格拉赫的座右铭是："与奥地利携手"。

俾斯麦在法兰克福工作之初，以为奥地利和普鲁士可以达成一份友好协议，但他在邦联议会的经历很快就给他上了一课。在奥尔米茨会议的会前、会中和会后，普鲁士谈判代表试图叫哈布斯堡王朝让步，使普鲁士在重组的德意志邦联中获得平等的领导权，即在邦联议会中由奥地利和普鲁士轮流担任主席，但最终徒劳无功。谈判的失败决定了普鲁士公使在法兰克福的工作起点。俾斯麦原先设想着奥地利会本着团结保守势力的精神，承认普鲁士在1848年革命前的平等地位，并与之在邦联议会上采取联合行动。但情况恰恰相反，奥地利打算实行完全不同的邦联政策。在施瓦岑贝格亲王这位奥地利新的强权政治代表人物的领导下，1848年到1849年间被革命大大削弱统治力的哈布斯堡王朝，现在正努力谋求在中欧的主导地位。基于这样的目标前景，德意志邦联必须成为奥地利霸权政治的工具。具体来说，就是增加主席（即奥地利）的权力，减少只有一致同意才能作出决定的事务的数量，以扩张邦联的权能。由于在议会中得到了大多数德意志中小邦国的忠顺，奥地利以多数票胜过普鲁士，并迫使其在议会中充当副手的角色。普鲁士作为邦联第二大国在1848年之前存在的否决权不再提及。俾斯麦很快注意到了法兰克福正在上演的戏码。他告诉曼陀菲尔，施瓦岑贝格不会仅满足于恢复1848年前邦联宪法赋予奥地利的地位，而是想利用这种"使奥地利接近毁灭的转变，以作为实现深远计划的基础"，"类似于三十年战争开始时的表象，皇帝在自己的霍夫堡感到不安全后不久，就成了德意志的主人"。甚至在1852年4月施瓦岑贝格突然去世，布奥尔伯爵继任之后，奥地利在邦联议会中的政策方向和风格依然没有改变。

让普鲁士做哈布斯堡家族的副手，这是柏林方面不能接受的，像俾斯麦这样自信骄傲的普鲁士人对此更是怒气万分。1855年他在给曼陀菲尔的信中写道，四年前来到法兰克福时，原则上他并不是奥地利的反对者，"但如果我像当权者以为的那样，想对奥地利留有好感，哪怕只是一点点，就得否定我身上的每一滴普鲁士血"。俾斯麦按照柏林的指示，反对将普鲁士在邦联议会多数化，但是具体执行方式，在很大程度上可以自行决定。

俾斯麦选择用消耗战术来折磨法兰克福议会的奥地利公使。在他任职的八年里，他先后与三位打过交道，分别是：图恩伯爵（1850—1853），普罗克斯·冯·奥斯坦男爵（1853—1855）以及雷希贝格伯爵（1855—1859）。俾斯麦作为拥有与主席国公使同等权利的同僚，以此为行动依据，抓住每一个机会，对奥地利要求获得议会领导权的主张唱反调，并向其强调邦联议会的权限。关于他如何与主席国公使对峙，以向其展示普鲁士公使在议会中的同等地位，有很多轶事。

因为邦联大多数成员都是站在主席国这边，俾斯麦经常采取封锁政策，尝试阻碍议会的事务。不管是重要事务还是小的协议问题，俾斯麦都如同在一场持续的小型战争中一样，不仅投入巨大的精力和不懈的激情，而且巧妙运用邦联宪法和议事规则提供的所有手段，寸土必争。这位"堕落的政府见习生"，他的"叔叔"路德维希·冯·格拉赫有一次这么称呼他，被认为是老练的律师，其逻辑和解释能力令人生畏。这种为了普鲁士在议会的平等地位付出的顽强努力并不总是能得到柏林的理解。早在1852年，他在回了一次柏林后称，人们把"我们在法兰克福的争辩当作无价值的琐事"。在柏林，不时有人抱怨这位普鲁士公使言行不当。几年过后，俾斯麦觉得他已不受柏林领导层的器重了。但这样的印象与事实不合。因为出现过好几次传闻，说他会取代首相曼托菲尔的职位。这些传闻并没有可靠的依据，但它们表明，普鲁士的这位公使已被视为在未来不可忽视的人物。

尽管俾斯麦用尽浑身解数，他也没有成功——在既有的环境下也不可能成功——长久地动摇奥地利在邦联议会里的优势，让普鲁士在德意志邦联中的平等地位得到承认。但无论如何，他有好几次成功地挫败了主席国的意图。其中有三次重大的争执值得一提。一次是奥地利要求统一邦联的新闻出版法，意欲将柏林置于维也纳的控制之下，但在无休止的争执之后，出台的只是对奥地利几乎毫无价值的框架性法律。一次是针对普鲁士1848年成立的舰队，奥地利要求解散，普鲁士当然不愿意，在多次来回争论后，以普鲁士的胜利而告终。最重要也是成果最为丰厚的一次，无疑是德意志贸易政策领导权争端的结束。施瓦岑贝格主张通过让哈布斯堡王朝加入以普鲁士为首的德意志关税同盟，建立一个中欧关税同盟，由奥地利主导的德意志邦联来领导，从而树立奥地利帝国在德意志经济部门中的领导地位。奥地利的这项计划之所以流产，并非俾斯麦一个人的功劳，但他功不可没。奥地利没能如愿加入关税同盟，只是在1853年缔结了一个为期十二年的贸易协定。1854年，包括汉诺威在内的各成员国同意续约，延长关税同盟期限，这是普鲁士在经济和贸易领域对阵哈布斯堡王朝取得的一项重大胜利。

1854年克里米亚战争爆发，德意志邦联面临特殊考验。这是维也纳会议后爆发的第一次欧洲战争，并不怎么为人所知的是，有超过五十万人失去生命，因而这是1815年至1914年间欧洲损失最为惨重的战争。战争源于俄罗斯和奥斯曼两大帝国的冲突。沙皇尼古拉要求土耳其承认俄皇对奥斯曼帝国的希腊东正教臣民有特别保护权。当苏丹拒绝了这一"无理要求"后，1853年7月俄军不宣而战，占领摩尔多瓦和瓦拉几亚（即今天的罗马尼亚）这两个多瑙河公国。土耳其的抗议被置若罔闻，因此苏丹在10月向俄国宣战。英国和法国立即宣布支持土耳其，并在1854年1月派舰队穿过达达尼尔海峡和博斯普鲁斯海峡进入黑海（撕毁了1841年签署的《海峡公约》）。1854年3月，英、法对俄宣战。克里米亚半岛上的塞瓦斯托波尔要塞成了双方的主战场。

奥地利、普鲁士和德意志邦联现在面临着它们应该在这场冲突中如何行动的问题。奥地利和普鲁士的领导层内部意见分歧都很大。在奥地利，以布奥尔为首的主战派占了上风，他们支持与西方强权联盟。而在普鲁士，则一直没有达成统一路线。两个相互竞争的保守派势力都力图将摇摆不定的国王拉向自己这边。以格拉赫为首的十字报党为极端保守派，倾向于支持俄国，而温和的保守派——他们的机关报是1851年创刊的《普鲁士周报》，因此也被称为周报党——则支持加入西方国家，建立反俄联盟。首相曼陀菲尔和俾斯麦则持完全中立态度，只是在经过长时间的争论后，他们才占据上风。从战争一开始，俾斯麦就坚决地拥护这样的立场，因为在他看来情况显而易见，普鲁士在这场战争中得不到什么好处。当被问及是支持俄国还是支持西方时，他回答说："支持普鲁士。"他一再警告大家不要被维也纳的政策拖着走。1854年2月，他在给曼陀菲尔的信中写道："如果我们为了免受即将到来的暴风雨的袭击，而将我们灵活且经得起风浪的军舰系在奥地利人老旧破烂的船上，这会让我感到恐惧。同奥地利人相比，我们是更好的泳者，是各方都会欢迎的盟友。"

奥地利人努力让普鲁士和德意志邦联与他们一起，同西方国家结盟。无论如何，1854年4月，奥普结为防御联盟，但两国签署这个条约的目的截然相反：普鲁士想通过这个条约巩固他们的中立政策，而对于奥地利来说，条约则是用来为它的干预政策服务。1854年6月，奥地利向俄国发出最后通牒，要求其从多瑙河两公国撤军。在俄国遵从了这一"警告"后，奥军在9月开进两公国（维也纳方面希望最终将它们吞并）。虽然奥地利表面上仍然保持中立，但它现在显然已处于西方阵营，并一起就与俄国的和谈条件交换了意见。普鲁士关于战争的态度应该由柏林方面决定，但哈布斯堡王朝也想要整个德意志邦联积极配合它的政策，因此在法兰克福的普鲁士公使不只是一个观望者，而是一个行动的参与者。1854年年底，当事情来到紧急关头，他受到了挑战。12月初，奥地利在事先未同普鲁士协商的情况下和英法签订了正式盟约。普鲁士政府拒绝追溯性地加入这个"三国同盟"，也拒绝了奥地利政府提出的出兵要求。当奥地利在邦联议会要求针对俄国派兵时，普鲁士公使俾斯麦开始了行动。1855年1月，他通过强硬又灵巧的手段让邦联议会以压倒性多数否决奥地利的请求。与奥地利的要求相反，邦联议会决定对各方（包括法国）都保持备战状态。这一决议于哈布斯堡王朝而言毫无价值。在恩斯特·鲁道夫·胡贝尔看来，组织议会多数反对奥地利的出兵提议，是俾斯麦"外交生涯里第一次伟大的且备受瞩目的成功，就普鲁士的德意志政策来说，在邦联议会里获得多数是他们长久以来求而不得的胜利"。战争在普鲁士没有卷入的情况下继续进行。1855年9月塞瓦斯托波尔的陷落，让俄国开始为求和作准备。1856年1月，俄国在奥地利的最后通牒面前屈服。2月，和会在巴黎召开。普鲁士在谈判开始后几周才被邀请参加。1856年3月30日签订的《巴黎和约》，是"维也纳会议后欧洲最重要的公法文件"（恩斯特·鲁道夫·胡贝尔语），它对沙皇俄国施加了苛刻的条件：割让比萨拉比亚南部，承认多瑙河通航自由，以及最重要的，禁止俄国在黑海沿岸建立防御工事、在黑海拥有舰队——对于一个大国来说，这几乎是无法忍受的。

克里米亚战争的重要性是无法估量的。从1815年开始，经过1848/1849年革命，一直发挥作用的欧洲大国协调分崩离析，由"三只黑鹰"（俄国、奥地利和普鲁士）组成的同盟沦为废墟，奥地利割断了同俄国数十载的交情，也没有在英法那里找到可靠的盟友。所有大国间的关系陷入了一片混乱。不过因为现在俄奥之间的对立，普鲁士在欧洲权力格局中有了更多机遇。

法国从克里米亚战争中崛起，实力大大增强，拿破仑三世皇帝赢得了威望和国际关系中的影响力。普鲁士应该如何与拿破仑的法国相处，成了迫在眉睫的问题，也成了从1850年代初以来俾斯麦专注的问题，并使得他和他的保守派朋友，特别是在他的政治生涯开始时提携过他的格拉赫兄弟渐行渐远。利奥波德·冯·格拉赫和路德维希·冯·格拉赫都比俾斯麦年长，两人因为德意志解放战争对拿破仑敌意很深。即便是拿破仑的侄子路易·波拿巴，对他们来说也是革命原则和敌基督的化身。1851年12月路易·波拿巴发动政变后，路德维希·冯·格拉赫说，路易·波拿巴让"罪恶坐在法兰西王座上"，而俾斯麦则冷静地评论道："我并不相信波拿巴的好战。"对于政府的反法政策以及宫廷党对波拿巴的憎恨，他很早就不再隐瞒他的保留。这让他有"波拿巴派"的味道，当时这个词被用来指那些拥护同法国联盟的人。俾斯麦并不是，不过他认为将和法国的关系降至冰点在政治上是不明智的。他警告首相"我们不能无可挽回地被打上反法的印记"。而与法国联盟，他写道，将肯定是一场悲剧，"但在我看来，我们必须让我们的盟友看到我们可能会两害取其轻，即便我们从不会选择这种可能性"。

甚至在克里米亚的军事行动之前，俾斯麦便利用参加巴黎世界博览会的机会访问了法国首都,并且被引介给皇帝。柏林的宫廷党人并不喜欢这场会见,以至于俾斯麦被迫到利奥波德·冯·格拉赫面前为自己辩解:"您责骂我,因为我去了巴比伦,但您不能要求一个渴望学习的外交官保持政治贞操,那只适合士兵或者中立的乡村容克;只要有机会这么做,我就必须用自己的视角去认识我不得不涉及的环境。请您不用为我的政治前途担忧……"1857年春,俾斯麦再次去了巴黎,其间和拿破仑三世进行了政治会谈。这次访问之后,俾斯麦以巧妙的措辞在大量书信中向国王的副官长利奥波德·冯·格拉赫阐明自己的外交政策观。自从这些信件的节选通过他的回忆录《思考与回忆》而变得广为人知后,它们被视为俾斯麦思想的基本文献,他不加掩饰地奉行完全以国家利益为导向的"现实政治"(这个概念就是从那个时候来的),拒绝以"反对革命"为导向的政治理念,反对沉溺在对原则的固守中且一再重复:"波拿巴是敌人,他的存在就是不合理的。"即便今天人们倾向于对这场争论的本质作出让步,这些信件充分表明,俾斯麦终于已经从以宫廷党为中心的顽固保守派的政治思想和情感世界里解放出来。

　　回望俾斯麦在法兰克福的八年,可以清楚地看到,作为普鲁士在邦联议会的特使,面对奥地利努力以多数票胜过普鲁士,并且为了自身政策役使德意志邦联的行为,他采取的完全是防守策略。俾斯麦认为他的工作就是"持续不断地反对各种侵犯行为,反对各种变着法子将邦联变成抬高奥地利、打压普鲁士的工具的企图"。在这场斗争中，他并非总能得到政府的足够支持，他指责政府"消极，缺乏计划"。因而大量的报告都把重点放在奥地利政策的目标和手段，并且一再指出，如此构建的德意志邦联是对普鲁士的雄心的阻碍，从长远来看普鲁士和哈布斯堡之间的公然冲突也许是不可避免的。这样的话不胜枚举。1853年他在给利奥波德·冯·格拉赫的信中写道：奥地利想在邦联中独大，普鲁士成了它的拦路石，"我们像我们希望的那样紧贴在墙上，但有着一千七百万人口的普鲁士依然太肥大，无法给奥地利让出更多他们想要的活动空间。除了德意志，我们的政策没有其他的练兵场，而奥地利也相信这正是它迫切需要的。奥地利的要求，让我们双方都没有转圜的余地，所以长远来看我们是无法共处的。我们都在呼吸对方嘴里的空气，我们中的一方必须退让或者被迫退让。到那时，我们一定会成为敌人。我认为这是不容忽视的事实，不论它可能有多么不受欢迎"。1859年5月12日，在写给外交大臣的信中，俾斯麦用了一个非常出名且被多次引用的句子来总结自己在法兰克福工作八年的体会："我在我们的邦联关系中看到了普鲁士的缺陷，如果我们不及时在有利的时候治愈它，我们迟早必须用铁与火来治疗……"

然而，频繁且猛烈地挫败哈布斯堡王朝的企图和手段，并不意味着俾斯麦认为以暴力手段来解决普鲁士和奥地利在德意志内的二元性是绝对无法避免的。他在这方面的言论虽然较少，但确实存在。它们表明，俾斯麦认为非暴力解决德意志的二元性是可能的,即:如果另一个奥地利政府能够承认普鲁士的平等权利,同意将德意志划分成普鲁士和奥地利的势力范围。这一构想对于俾斯麦后来的政策制定是非常重要的。

1857/1858年,普鲁士领导层发生重大变化,也影响到了俾斯麦的政治生涯。1857年,腓特烈·威廉四世因为突发的无法治愈的精神疾病无法再处理政务(直到1861年1月2日去世)。1857年10月,他敕命他的弟弟威廉亲王代理三个月,但必须依照先前的意图继续执政;这种代理状态共延期了三次,每次三个月。在这期间,威廉亲王这位1848年的"霰弹亲王",在妻子的影响下,已经逐渐变成了一个温和的保守派,跟周报党走得很近。因为在克里米亚战争这件事上同国王意见不合,他和俾斯麦之间的关系也冷淡了不少。俾斯麦立即设法适应新形势,修复和亲王的关系。1858年3月,他给威廉亲王呈上了将近百页的文章(在宫廷的圈子里被称为《俾斯麦先生的小书》),详细总结了他在邦联议会的经验,对普鲁士的德意志政策提出了中肯的规划,而最精彩的一句是:"没有什么比发展被正确理解的普鲁士特殊利益更德意志。"因此他还主张"国家代表更加积极地开展活动"。这表明俾斯麦为扩张普鲁士的势力准备和民族主义运动合作。

1858年10月初,威廉亲王按照政府决议和内阁批准宣誓为摄政王,接管了全部政府权力。他立即组建了一个新内阁,奥托·冯·曼陀菲尔被解职,被任命的大臣们都来自周报党，随之而来的是更多的政府人事变动。在一份立即发表的对新内阁的讲话里，摄政王威廉勾勒了主要基于周报党主张的"新时代"蓝图。他宣称政府将以"有同情心的改良之手"满足这个时代正当的要求和需求，并宣布要推行普鲁士对德意志的"道德征服"政策，还要改组普鲁士军队。

新时代开始了，俾斯麦的影响力却逐渐减小。他估计——如他自己所说的，"厌倦了人与事"——自己在法兰克福的任期不久将会结束；一直有关于他调动的传闻。1859年1月，柏林当局决定将他调到圣彼得堡，奥地利大使甚至比他还先知道这项任命，这让他既失望又生气。他的反应（以后也经常会发生）体现在情绪上的激动和伴随而来的身体疾病（流感，胆热），但几天后，他开始找寻这个新职位积极的一面，特别是当摄政王向他解释说，"彼得堡公使一直被视为普鲁士外交的最高职位"。1859年2月底，俾斯麦在邦联宫宣布了他的离职，几天后满怀惆怅地离开了法兰克福，他的家人暂时还待在那里。

在柏林短暂停留，觐见了摄政王之后，俾斯麦启程前往圣彼得堡。冬天的气候让行程异常艰难。火车只通到柯尼斯堡，到了普斯科夫才有去俄国的铁路。因此几乎四分之三的行程都只能乘坐马车在厚厚的积雪里跋涉。从普鲁士出发，俾斯麦整整走了七天，才于3月29日到达俄国首都。4月1日，四十四岁生日当天，他向沙皇亚历山大二世递交了国书。这次觐见不同寻常地持续了两个小时。在到任初期，俾斯麦就已经感受到了宫廷和政府对他的喜爱，并且与外交大臣戈尔查科夫进行了密切交流。约翰娜的第一印象是:"你不知道这里有多仇视奥地利人……无法估量,完全超乎我的想象。当我到了这里,我才相信战争的可能性;整个俄国政界似乎一门心思都在想着如何置奥地利人于死地。"

最后一句话涉及了当时外交政策的形势。从1859年年初以来,奥地利和皮埃蒙特之间的紧张关系升级为公开冲突。皮埃蒙特政府决定将奥地利人从意大利北部赶出去。首相加富尔伯爵得到了拿破仑三世的支持。奥地利犯下重大外交失误,在4月23日向皮埃蒙特发出最后通牒,要求其在三天内缩减军队人数且解散志愿者,被皮埃蒙特拒绝,5月,战争爆发。面对法国和皮埃蒙特联军,奥地利人在马詹塔会战(6月4日)和索尔费里诺会战(6月24日)中接连遭遇惨败。7月11日,奥地利皇帝弗朗茨·约瑟夫和法国皇帝拿破仑三世在维拉弗兰卡签订停战协议。协议规定,奥地利将伦巴第割让给法国,后者很快将其交给皮埃蒙特;威尼斯则保留给奥地利。

鉴于新出现的冲突,俾斯麦觉得离开邦联议会特别令他难以接受,因为德意志邦联势必在其中发挥重要作用。现在,在彼得堡,他只能从远方关注事态的发展。在战争爆发到议和的这几周,德意志境内支持奥地利和反对法国的声浪高涨(必须在波河①保卫莱茵河!),俾斯麦只能选

---

① 意大利最大的河。

择将他的观点转达到柏林,由柏林决定普鲁士的立场。然而他明确地表达了自己的观点。正如在克里米亚战争时期一样,他拒绝保守派对团结的要求及其反波拿巴主张,反对普鲁士无条件地支持奥地利——换句话说,即严守中立,除非奥地利决定在德意志对普鲁士作出重要让步。在给外交大臣施莱尼茨的信中,他用这样的话总结了自己的基本立场:"一场我们在其中与奥地利以及德意志中等邦国联盟的战争,不可能带来任何与我们付出的努力和承担的危险相对等的合意的回报,而假如我们帮助奥地利取得胜利,我们对奥地利及其盟友的害怕也许并不少于对将奥地利打败的法国的害怕。"据此俾斯麦得出结论:"我们必须避免参战,当我们无法或不想借此以有利的方式重组我们的邦联关系;此外,不论是法国侵犯德意志领土,还是让奥地利战胜法国,都不会带给我们利益;现在,对普鲁士政治来说幸运的结果是:战争局部化,俄国和(如果可能的话)英国保证德意志的边界不被法国侵犯。"施莱尼茨排除异议实施中立政策,得到了俾斯麦的完全支持。

7月战争结束后,在打算动身回德意志接家人前夕,俾斯麦生了一场重病。他长期没有重视的腿伤和风湿痛因被庸医误诊,一下子加重了。在回程途中,他痛苦得不行,不得不被人抬着。他坐船抵达什切青,再从那里辗转去柏林。在首都的一家医院看完病后,他去威斯巴登和巴特瑙海姆进行温泉治疗。即便依然需要休养,他还是遵从摄政王的意愿,参加了9月在巴登巴登的多场咨询,并在柏林逗留了几天，同一位自由派领袖进行了重要会面：维克多·冯·翁鲁毫不隐瞒地向俾斯麦表示，很多自由派都将希望系在了俾斯麦身上，而他本人乐于见他出任外交大臣。

1859年10月俄国沙皇和普鲁士摄政王在华沙会晤，俾斯麦参与了这次会面。11月初，他们一家人从莱茵菲尔德启程，迁往圣彼得堡。但在朋友亚历山大·冯·贝洛位于埃尔宾附近的霍恩多夫的庄园稍作停留时，他的病再次复发：胸、背、心脏区域和肩膀都剧烈疼痛，还伴有严重的肺炎。他奄奄一息，立下遗嘱，不相信自己还能"再次站着看脚下的青草"。到第四天，他脱离生命危险，不过费了好几个月才痊愈。直到1860年3月，俾斯麦才准备离开霍恩多夫的庄园宅邸，返回彼得堡履职。摄政王却让他先回柏林。因为当时摄政王在考虑改组内阁，很多人都推荐了俾斯麦。

威廉最终没有选择俾斯麦："我们现在只缺一个能接管内阁，能力挽狂澜的人。"1860年6月初，在离开足足十一个月后，俾斯麦再次回到圣彼得堡。现在他和他的家人终于搬进圣彼得堡的住宅里，这座斯滕博格伯爵夫人的豪华宫殿靠近一座英国式码头，可以看到涅瓦河的风景。

这次重病给俾斯麦的内心造成了很大震动，他在通信中多次提及。1860年7月，他给哥哥写道："自从生病以来，生命转瞬即逝的念头在我脑海里挥之不去，这使我在所有事情上都更加冷静沉着。"俾斯麦继续履行着他的职责，详细汇报他同沙皇和俄国其他领导人的谈话，以及俄国国内的情况。公使馆还必须承担领事工作，照顾居住在俄国的大概四万名普鲁士人,因此他对首都外的俄国生活也有了深刻理解。他还非常密切地关注德意志的事态发展以及当时的国际形势。他很早就支持承认"意大利王国",而俄国政府在这一点上有所犹豫。他可以在俄国的森林里尽情释放他对打猎的热爱。

1861年夏,他回到德意志,其间前往巴登巴登接受国王威廉一世的召见。1861年1月2日,在兄长去世之后,摄政王威廉继任普鲁士国王。在巴登巴登,俾斯麦向国王口头汇报后,按照国王的要求撰写了其著名的关于德意志事务的备忘录(此备忘录有两个没有明显区别的版本)。他的首要观点是:"当前的邦联宪法没有办法解决现存的各种弊端"。为解决这些弊端,俾斯麦建议在邦联中央当局成立"德意志各民族代表机构"作为"平衡诸邦分立政策的离心趋势"的黏合剂。由此,他也阐述了普鲁士可能对德意志采取的新策略:将德意志统一运动作为一种压力手段,使普鲁士在与奥地利和其他中等邦国的斗争中取得优势。

关于俾斯麦成为政府大臣的猜测再次出现,然而1861年夏天应召参与国事咨询只是一个插曲。1861年10月18日,在参加完国王的加冕典礼后,他再次回到俄国首都。1862年3月,他被从彼得堡召回,一开始他并不知道国王要召他回去做什么。4月底,他去觐见沙皇向其辞行,此时仍对自己的将来茫然不知。

一直到5月10日抵达柏林,这种不确定性还在延续,此时国内政治出现地震。四天前,自由党在议会选举中大胜。他们在353席中获得292席,直接威胁到国王威廉最为重视的军队改革计划。战争大臣阿尔布莱希特·冯·罗恩曾在2月提出法案,要求增加军事预算,增强常备军的实力,保证三年的服役期,对战时后备军进行改革(实际上等于废除)。自由党人尤其反对这项法案的后两项提议。风暴一触即发。

关于俾斯麦要担任首相的传言再度兴起。5月15日,他告诉彼得堡同事库尔德·冯·施洛泽:"还未决定是伦敦还是巴黎。眼下我对可能性的排序是:柏林,巴黎,伦敦。当然也有可能几天后,排序会产生变化。"威廉继位后的首相霍亨索伦侯爵以及他的继任者霍恩洛厄亲王都向国王建议启用俾斯麦。但威廉一直犹豫。他对霍恩洛厄亲王说:"这个人太浮躁了,请您另外给我推荐一个人吧。"最终,王后在这件事上起了决定性作用,她竭尽所能阻止俾斯麦出任首相甚至大臣。僵局一直持续到5月22日俾斯麦"爆发",就像他在给约翰娜的信中写的,他"正式明确地要求,要么委任职务,要么辞职"。三个小时后,他被任命为普鲁士驻法公使。当他去国王那里辞行,国王却告诉他不必在巴黎站稳跟脚,而应在那里等待时机。

俾斯麦立刻动身。不同于之前在巴黎的居留,这一次他觉得一切都不对劲,造成这种状况的原因有很多:他不喜欢在巴黎的公使馆;跟家人再次分离让他觉得异常艰难(他的家人暂时住在莱茵菲尔德);他不能骑他最爱的栗色牝马;巴黎已经开始了夏季休假,很少有社交活动,让他觉得异常无聊。宫廷的接见也没什么让人期望的。拿破仑三世多次接见俾斯麦。在给外交大臣伯恩斯多夫的信中俾斯麦写道，其中一次会面甚至让他觉得自己像"面对波提乏之妻的约瑟。①他总是提出最下流的结盟提议，如果我半推半就，他就会说得更加明显"。三周后，俾斯麦以参加博览会为名去伦敦度假，在那里与很多英国政要进行了会谈。返回巴黎后，俾斯麦在7月中旬要求批准更长的时间在法国度假，为了"健康积累"。他途经布卢瓦、波尔多、巴约纳和圣塞瓦斯蒂安到达比亚里茨。8月在比亚里茨的几周，他享受了远离政治世界的田园生活：他每天要去海边游两次泳，同俄国驻布鲁塞尔公使奥尔洛夫聚会。年轻的公使夫人来自特鲁别茨柯依亲王家族，有着极具吸引力的美貌。四十七岁的俾斯麦爱上了这位既天真又有灵性的二十二岁姑娘。他在给约翰娜的信中坦白道，她让他想起了已故的"玛丽·塔登"。他几乎每天都给妻子写信，告知自己所做的事情并向她描绘周围壮丽的风光。他们三人穿过草原和森林，躺在草地上，在野外骑马，一起享受音乐和皎洁的月光——这些日子浪漫得令人忘却现实的时光。

精神和肉体都得到充分休息后，俾斯麦离开比亚里茨，同奥尔洛夫一家在比利牛斯山待了几天。9月12日，他从图卢兹给伯恩斯多夫和罗恩分别写信，抱怨前途的不确定性。9月16日，他在巴黎收到伯恩斯多夫的电报，后

---

① 波提乏为埃及护卫长，约瑟被卖到他的家里后，因拒绝其妻引诱，反被诬告企图强奸，结果无辜入狱多年（见《创世记》第三十九章）。这个故事也是许多画作的题材。

者让他尽快去柏林觐见国王。随后罗恩的著名电报也到了:"拖延会带来危险,速回"。9月20日一早,俾斯麦到达柏林。

威廉一世现在处于极大的困境中。他坚持推行陆军改革造成的军队冲突升级为宪法矛盾,并在9月达到顶峰。从9月11日到18日,下议院整个礼拜都在讨论这场改革。虽然王后、王储和大部分大臣都希望能达成妥协,但国王的态度非常强硬。9月17日,在枢密院会议上,威廉一世强迫大臣们顺从他的意志,否则他就退位,并将王储从图林根紧急召回到柏林。国王的退位威胁,不管是认真的还是仅仅作为战术,确实在大臣和王亲中收到了效果。内阁在一份声明中请求国王不要退位。并且王储也拒绝在这种情况下继位。王储和他的父王有过两次交谈,劝父亲让步未果,于是在9月20日离开柏林。而在同一天,俾斯麦回到了普鲁士的首都。人们一直在猜测,如果当时威廉一世退位,普鲁士和德意志的历史是否会完全改变,以及是否俾斯麦同意成为首相,才让君主退位的想法烟消云散,才没有使之成为德意志历史的转折点。这种推想完全是多余的,因为所有迹象都表明,威廉根本没有真正考虑过退位,即便当时俾斯麦拒绝了任命,他也有足够的办法坚持改革。但俾斯麦没有拒绝。9月22日,君臣二人在巴贝尔斯贝格宫的花园里长谈(关于谈话过程我们只有俾斯麦在《思考与回忆》中的记录——它们在本质上肯定会更准确),俾斯麦阐明他的观点,认为即使下议院反对,陆军改革也必须坚持下去,从而赢得了国王的信任。同一天,国王决定任命俾斯麦为新的内阁首相。第二天,王储在他的日记中写道:"可怜的妈妈,她的死敌被任命为首相会让她多么苦涩。"

第四章

大普鲁士和帝国的建立
（1862—1871）

俾斯麦终于实现了多年来的雄心壮志。1862年9月23日他被任命为政府临时首相和外交大臣，10月8日，转为正式。然而，四十七岁的俾斯麦接手这个职位时的局势，跟他所预期的相去甚远。一直以来，他主要关注的是对外政策：稳固和扩大普鲁士在德意志和欧洲的地位和影响。国王选择他，却并不是要他推行大胆而广泛的德意志政策，而是为了让他解决国内几乎毫无出路的政治危机。只是因为被议会逼到了走投无路的境地，国王才不顾家族反对，选择俾斯麦这样的人来担任政府首脑。

对任命俾斯麦的回应并不友好，占据新闻界主导地位的自由党阵营尤其不赞成，很多人还记得这位阿尔特马克容克在联合邦议会和下议院的鲁莽举止，对他自那时起发生的思想转变却一无所知。这位新首相被贴上了"封建贵族魔鬼"、"奴性十足的乡下容克"之类的标签。奥古斯特·路德维希·冯·罗豪说出了大部分自由党人的心声："随着这位先生的上台，上帝射出了最后一支最尖锐的仁慈之箭……他也许学到了很多东西，忘却了一些东西，但他绝不是一个有远见的政治家，而是一个只考虑明天的冒险者。"几乎没有人认为他会在这个职位上干很长时间。俾斯麦决心让这些人失望。仿佛要做给大家看一样，10月中旬，他和家人搬进了位于威廉大街76号的外交部官邸。几天前他在给约翰娜的信中写道："工作实在太多，每天都很累，睡眠不足。万事开头难。上帝保佑，一切都在慢慢变好，现在其实也不赖。只是在众目睽睽之下生活，让人有点局促不安。"

9月23日，即俾斯麦得到任命这一天，议会以308票赞成、11票反对最终通过决议，否决了政府申请的军队改革预算。议会和政府间的矛盾进入新的决定性阶段。以军事内阁首脑埃德温·冯·曼陀菲尔为首的所谓政变派致力于废除现存的宪法，坚决反对俾斯麦的提议。俾斯麦一开始还希望能和他们达成和解，为自己的施政赢得时间。为了达成"停火"，他和自由党各派有影响力的政客进行接触，但无功而返，幸运的是，国王并不知道他的这些试探。9月29日，内阁发表第一份公开声明，撤回了1863年的财政预算草案，并且承诺会在接下来的内阁会议中提出新的义务兵役法。首相在下议院预算委员会会议上让人难忘的亮相，持久地影响着同时代人和后世对他的印象。带着缓和冲突的愿望，俾斯麦说道，冲突会造成对时局的悲观，报界也会渲染悲惨的气氛，政府不想造成矛盾；如果眼下的冲突能有幸得以解决，政府很愿意伸出手来。他甚至从笔记本里拿出从阿维尼翁捡到的橄榄枝递给议员,以表达自己讲和的意愿。但他的尝试失败了。反倒是俾斯麦暗示其积极的外交政策的话发挥了作用:"德意志指望普鲁士的不是它的自由主义,而是它的实力……普鲁士必须集中自己的力量,团结一致,等待有利时机的到来,这样的时机已被我们错过多次了。《维也纳条约》划定的普鲁士边界并不利于健康的国家生活。当代的许多重大问题,并不是靠演说与多数决议就能解决的——这是1848年到1849年间的大错——而是靠血与铁。"俾斯麦可能认为他表达了自明的东西,但他错了,"血与铁"(直至今日,俾斯麦也无法摆脱这个标签)这两个醒目的字引发了众怒。自由党的报纸评论说,这会导致基于外交冒进政策的强权统治。

寻求和解的努力失败,内阁和议会又走向了对峙。10月13日,下议院议会延期,宣布实行无预算制度,但发布声明称,政府不想废除宪法,只是想得到一个批文。1863年1月中旬,议会重新召开后,内阁处于非常狼狈的防御状态。俾斯麦在一场重要讲话中,引用"空隙理论"来为内阁的政策辩护,1862年夏天该理论经路德维希·冯·格拉赫在报刊文章中多次使用而变得流行。它的推理是这样的:一项法案(预算也是如此)得以生效,需要王室、上议院和下议院三个宪制性力量达成一致。"如果三方不能达成一致,宪法中没有规定任何一方必须让步。"由于哪一方都不能强迫另一方屈服,宪法便指出了"沟通理解的道路"。如果有一方试图用教条主义的专制手段推行自己的观点,阻碍妥协，那么冲突可能会变成权力问题。"谁手握权力，便要采取有利于自己的行动，因为国家生活时刻不能停滞。"大多数下议员对此表示非常愤怒，并以255票赞成、68票反对通过了议会给威廉国王的致答辞，指责政府（以及支持政府的国王）违宪。

接下来的几周，议会中的争论声逐渐高涨，尤其是因为，除了内政方面的冲突，双方在日益尖锐的外交政策问题上，也存在着不可调和的分歧。5月中旬，在议长试图打断战争大臣罗恩的讲话后，会议被迫中断。此事引起轩然大波。内阁认为这是破坏规则的行为，并拒绝继续参加议会的会议。为了回应国王的警告，下议院以239票赞成、61票反对通过一份致答辞，宣称在王室和国家间存在着一条鸿沟，"不是换人就能填平的，更需要的是制度的改变"。国王拒绝接见递交致答辞的议会代表，并在一份书面通告中表达了对内阁的信任。不久之后，议会关闭。

双方的冲突达到顶点。议会关闭后，政府立刻颁布紧急法令，对新闻施加严厉的管控。这引起了国王和王储之间的矛盾，后者反对这一措施。一份自由派周报称"柏林的暴政恶心得让人无法用语言形容，就如同欧洲自然界里令人作呕的怪物"。自由派报纸对内阁和首相的攻讦越来越猛烈，俾斯麦必须对这些侮辱提出诉讼，但因为法官准许缓和的情节，被告的处罚都很轻。急于找到盟友对抗自由派，俾斯麦甚至在1863年初夏同新成立的"德意志工人联合会"领袖费迪南德·拉萨尔进行了几次会谈，该联合会冲在反对自由左翼的进步党的前线。1863年春夏,俾斯麦几乎是全普鲁士最受人憎恨的人。他能挺过这段艰难的时日,堪称奇迹。在各种艰难中结束了执政的第一年后,他整个人看起来"老了十五岁"。

议会在9月2日被国王解散后,10月28日举行了新的选举。虽然保守派这次比以往多赢得了一些席位,但自由派还是一如既往稳稳占据三分之二的多数。11月9日议会重新召开时,总体政治局势同上次会议相比发生了重大改变。我们将谈到这一点,不过首先要了解俾斯麦任职第一年在内政和外交方面的举措。

俾斯麦接手首相职务之时,是否就有一个总体规划来扩大普鲁士在德意志和欧洲的势力范围?如果这意味着一个(可能是通过发动战争来实现的)精确的行动计划,那么回答是否定的。毋宁说,俾斯麦在某种意义上是一个机会主义者,他以普鲁士国家和君主制的强大为最终目标,一出现机会便抓住并加以利用。因而在方法上,他可以在牢记战略目标的同时,施展出最大的灵活性,并对不同的选项采取开放的态度。这一特点——战略目标明确、方法灵活——贯穿了他1862年至1866年间的"德意志领导权之争"。是否将与哈布斯堡王朝的争斗提上日程,其实并不由俾斯麦决定。因为当他成为政府首脑的时候,邦联改革已如箭在弦上,而且奥地利一直咄咄逼人。长久以来,人们很少关注俾斯麦刚上台时实行的措施。他们认为它们不代表新的政治开端,而是1850年代末以来普鲁士邦联改革的延续，并且认为君主任命俾斯麦为首相的一大要求也许就是要他继续执行前外交大臣伯恩斯多夫伯爵在德意志问题上的政策。1859年至1861年，以奥地利为首的邦联议会多数粗暴地拒绝了普鲁士的两项改革提议：一项是关于改革邦联战争法，一项是以前提过的双重邦联的议案。普鲁士一方面致力于改革，一方面努力巩固其在德意志邦联内的经济霸权。

在这个问题上，俾斯麦完全秉承了前任政府的策略。尽管在内政方面尖锐对立，自由派反对党在经济和贸易政策方面还是支持政府的。1862年3月29日普鲁士与法国草签了贸易协定，8月2日两国正式签署协议，这让奥地利加入关税同盟的努力变得毫无意义，并且导致了奥地利与德意志邦联其他地区的经济分离。但在德意志邦联改革的问题上，奥地利迫使普鲁士处于守势的努力有着更大的胜机。1861年12月在否决了普鲁士的联盟计划后，奥地利与德意志邦联中等邦国的联盟一时锋芒毕露。1862年8月初的一次会议——当时俾斯麦正在比亚里茨享受暂别政治的时光——通过了一项小计划：德意志各邦国应选派议员，在邦联议会举行一次代表大会，参加即将到来的有关民事诉讼和债务权的立法起草；此外，大家还同意设立一个邦联法院。几天后，邦联议会不顾普鲁士的反对，以多数票设立了一个委员会来评估这些建议——一旦它们得以实施，普鲁士在邦联中的地位将大幅下降。

这就是俾斯麦在9月就任首相时所面临的局势：国内

宪法冲突急剧升级，奥地利及中等邦国在邦联改革的问题上攻势逼人。尽管面临邦联解体的威胁，俾斯麦还是团结了一切力量成功阻止了关于代表大会的计划。1863年1月22日，邦联议会以勉强多数否决了举办代表大会。饱受内政压力的首相在德意志政治方面取得了首次成功。在这一背景下，他强调了普鲁士在民族政策方面的优先权。普鲁士驻邦联公使在关键性的表决前直陈："只有在依据每个邦联国家的人口直选出的代表机构中，德意志民族才能找到对共同事务施加影响的合法机构。"

秉承双重的行动路线，俾斯麦在几周内同奥地利驻柏林公使卡罗伊伯爵，以及他在法兰克福的老对手、奥地利特使图恩伯爵进行了多次会谈。俾斯麦试图通过这些会谈试探奥地利是否准备放弃与其他中等邦国联合行动，同意普鲁士在其"天然的管区，北德意志地区"自由行动，从而与普鲁士达成谅解。俾斯麦表示，他不是要损害同奥地利的关系，而是要让普鲁士和奥地利的联盟进入新阶段，从而让这两个最强大的德意志邦国都能获益。但如果奥地利继续坚持施瓦岑贝格的思路，以损害普鲁士为代价巩固其在中欧的霸权地位，那么——俾斯麦十分坦率地说——"两国的关系迟早会破裂，并最终导致战争"。

奥地利政府并没有理睬俾斯麦的主动表态，并且表示绝不放弃代表大会提案。奥地利政府愈发强硬，尤其因为普鲁士陷入了非常棘手的境地：在国内，俾斯麦要为政治生存而斗争；在外交方面，普鲁士暂时陷入了被完全孤立的危险。因为在1863年1月底，波兰爆发起义，俾斯麦对俄国政府承诺，将会尽可能支持俄国镇压（1863年2月8日普俄签订《阿尔文斯莱本协定》）。欧洲其他国家和各地自由党人则毫不掩饰对波兰的同情，强烈批评俄国的行径，并试图对沙皇政府进行干涉。在全力支持俄国镇压波兰起义之余，俾斯麦也担心沙皇身边倾向于向波兰妥协的势力占上风，因为在他看来，一个独立自主的波兰肯定会对普鲁士的东部省提出权利要求，会成为"维斯瓦河边的法国营地"，让普鲁士面临双线作战的危险。自由派们没有考虑这些，他们在下议院严厉批评俾斯麦的做法和《阿尔文斯莱本协定》。直到1月起义被镇压之后，国际形势才在夏天趋于平静。

就在普鲁士政府因为自由派的攻击陷入困境时，奥地利为了实现"邦联法律的全面改革"（恩斯特·鲁道夫·胡贝尔语），推动了一项重大举措：由五个成员国组成的邦联理事会接管最高行政权力（这意味着普鲁士将只获得五分之一的投票权）；成立一个王侯议会，一个邦联参议院（普鲁士只能获得21个议席中的3个），一个邦联法院以及一个间接选举产生的、由各国议会代表组成的邦联众议院——这是对1月份被否决的代表大会的重新包装。这样的改革以牺牲邦联国家主权为代价，大力扩大邦联议会权力，使之凌驾于普鲁士之上，维持奥地利的权力优势。德意志邦联已经完全沦为奥地利霸权政治的工具。

奥地利准备着自己的攻势，这是一次真正的突击。

1863年8月初，皇帝弗朗茨·约瑟夫前往奥地利的加斯泰因看望在这里做温泉治疗的普鲁士国王（俾斯麦也在这里陪同），邀请后者出席由他召集所有德意志君主在法兰克福举行的会议。会议将在8月16日讨论邦联改革议案。皇帝并没有将改革的具体方案告诉普鲁士国王，也没有接受后者先行举行部长级会议以作准备的提议，以免脱离自己的计划。在俾斯麦的建议下，普鲁士国王拒绝了邀请。大会如期召开，与会各国首脑对普鲁士国王施加了强大压力，要求他前往法兰克福（普鲁士国王此时停留在巴登巴登）。俾斯麦竭尽全力以辞职相威胁，才成功阻止国王。奥地利的扩张遂停止了步伐。因为普鲁士没有参会，许多邦联成员国都不希望由奥地利起草的、王侯议会略微修改过的改革法案生效。普鲁士内阁对此提出了三点要求，并表示，如果得不到满足，就将拒绝改革法案，但这三点实际上已经否决了整个法案：至少在邦联宣战问题上，普鲁士和奥地利都拥有否决权；在邦联主席职位上，普鲁士和奥地利享有同等权利；邦联议会代表根据各个邦国的人口规模直接选举产生。奥地利政府断然拒绝了这些要求。1863年秋，由奥地利倡议的、一度使俾斯麦陷入困境的邦联改革最终搁浅。

1863年年底，郁积已久的石勒苏益格-荷尔斯泰因危机爆发，俾斯麦终于从邦联政治争斗中脱身。现在，一切将重新洗牌。11月，丹麦议会决定将石勒苏益格公国（此前以丹麦国王为共主）并入丹麦中央政府。与此同时，丹麦国王腓特烈七世去世，但国王没有子嗣，丹麦王位的继承问题被再次提起。根据1852年《伦敦议定书》，格吕克斯堡家族的克里斯蒂安继位为丹麦国王，即克里斯蒂安九世，并批准了新宪法。但奥古斯图斯堡的腓特烈亲王也提出了继位要求，并得到了德意志民族运动和邦联内中小国家的大力支持。在普鲁士国内，这位自由派的王位争夺者也得到了自由派、奥古斯塔王后、王储以及数位大臣和外交官的支持。

因此，当俾斯麦为阻止欧洲列强干预，决定同奥地利保持一致，至少是暂时地承认《伦敦议定书》的国际公约地位时，他的这一决定在普鲁士和德意志邦联十分不受欢迎。显然，奥地利也采取了这样的立场，它不能，也不愿参加一项完全由民族冲动驱使的行动：无论是撕毁一项自己共同签署过的合约，还是解决基于民族原则的领土纠纷，都将损害哈布斯堡王朝的基本利益。1863年年底，出于自身利益考虑以及哈布斯堡君主国的国家理由，奥地利内阁决定背弃与德意志其他中等邦国的协议，转而和普鲁士就石勒苏益格-荷尔斯泰因问题的解决达成共识。毫无疑问，普奥联盟一下子拓宽了俾斯麦在德意志问题上回旋的空间。仅就地理原因而言，普鲁士便已占得先机。就像海因里希·卢茨说的："在1863年逃脱'奥地利绳索'后，他成功地在石勒苏益格-荷尔斯泰因问题上给奥地利设下'普鲁士圈套'。"

关于同丹麦的战争经过，这里就不赘述了。1864年2

月1日，战争爆发，4月18日，普鲁士军队攻下迪佩勒堑壕。初夏，欧洲各国在伦敦召开和会讨论石勒苏益格-荷尔斯泰因问题的解决方案，但未能达成妥协。会谈失败后，普鲁士和奥地利撕毁《伦敦议定书》，战争继续进行，以6月29日普鲁士占领阿尔斯岛为顶点。最终丹麦战败，被迫议和。

与丹麦的和谈被视为俾斯麦的外交杰作，他本人是这么评价的："这是我最自豪的一次外交活动。"在这里，无法展开其中的细节及曲折。我们要探讨的主要是以下两点：第一，俾斯麦的目标；第二，丹麦战争的结果对普奥关系的影响。俾斯麦认为战争的结果完全符合普鲁士的利益要求，这一点是毋庸置疑的：石勒苏益格-荷尔斯泰因并入普鲁士，从而提高了普鲁士在北德意志的权力地位。但同样重要的是，俾斯麦并不满足于吞并石勒苏益格-荷尔斯泰因，而是打算为了实现普鲁士的政治目标不惜一切代价，哪怕和奥地利决裂。1864年5月，他在给朋友贝洛夫·霍恩多夫的信中说道："就当前形势来说，最后我还想指出的是，普鲁士吞并其他领土并不是我们最迫切的需要，但可能是最愉快的结果，如果这一结果不需要通过和奥地利达成协议来实现。"

俾斯麦除了吞并之外还有好几种解决方案，因此他在战术行动上赢得了极大的行动自由。他曾经非常形象地拿猎鹬来类比："在沼泽地，一个人得先确定草簇的承载能力，才敢迈出下一步。"

战争开始后，丹麦太过天真，始终对获胜充满自信，并且直到最后都寄希望于欧洲国家的积极介入。当希望落空且战败的结局无可挽回后，丹麦国王只能请求停火，并于8月1日在维也纳签订了和平协议。协议第一条规定：丹麦国王放弃在石勒苏益格-荷尔斯泰因以及劳恩堡的所有权利，转而支持奥地利皇帝和普鲁士国王，并承诺承认他们对公国的支配。由此，石勒苏益格-荷尔斯泰因摆脱欧洲列强的控制，成为德意志的内部事务，其最终解决掌握在德意志的两个大国手中。和平条约未提及奥古斯图斯堡公爵的王位候选资格，德意志邦联也完全被排除在外。俾斯麦大获全胜。甚至国内的一些政敌现在也产生疑惑，是否这个充满争议的首相被低估了能力。因为仅仅奥地利皇帝和普鲁士国王可以处置易北河的这两个公国，俾斯麦得到了一张独一无二的王牌，他决定用这张牌为普鲁士争取最大的利益。

为了解决接下来的问题，普鲁士国王和俾斯麦前往维也纳，同奥地利皇帝弗朗茨·约瑟夫以及其外交大臣雷希贝格伯爵（他也是俾斯麦法兰克福时期的熟人）举行会谈。美泉宫的会谈从1864年8月20日开始，到24日结束，没有达成具体的成果。雷希贝格伯爵提出了一项令人吃惊的条约草案：在公国得到最终处理前，倘若奥地利在意大利北部参与了武装冲突，普鲁士应承诺出兵帮助哈布斯堡王朝夺回伦巴第，而作为回报，奥地利将其在公国的权利份额转让给普鲁士。也许雷希贝格把俾斯麦的模糊暗示误解为实质性的提议，因为俾斯麦不可能打算以这种方式追随奥地利的意大利政策。他曾说过，如果普鲁士同意保证奥地利在意大利的所有权，那无异于"一个人将自己的全部财产装进一个箱子，然后将箱子的钥匙交到别人手中"。一如人们预料的，两位君主及其外交大臣在8月24日的会议上就雷希贝格提出的条约草案没有达成一致。

然而，不能根据这一事实得出结论说二元政治计划失败，现在，像经常声称的那样，俾斯麦开始有系统地准备对奥地利采取武力行动。在美泉宫会议之后，同奥地利保持权力平衡依然是俾斯麦的两大政策之一。当然这一平衡是基于奥地利对普鲁士在北德意志的领导权作出让步。在他看来，接下来两国是战是和，完全由奥地利决定。1864年10月，一直主张与普鲁士联盟的奥地利外交大臣雷希贝格遭到解职，因为在与政治会谈同时进行的贸易和关税谈判中，他未能为奥地利争取到相关权益。这成为两国关系走向的一个不好的预兆。普鲁士负责经济政策的官员拒绝将奥地利纳入新的关税联盟条约。他们不顾俾斯麦的多次表态，对奥地利坚决说"不"。而俾斯麦希望，可以对雷希贝格伯爵提出的符合联盟利益的要求作出适当妥协，从而让雷希贝格至少在面子上过得去。这件事也可以说明，俾斯麦在国内政策上还不能做到只手遮天。

在雷希贝格的继任者曼斯多夫伯爵的领导下，奥地利奉行大德意志政策，即同德意志境内的中小国家重建联盟，为由奥地利主导的进一步的邦联改革打下基础；为此，他们不惜与普鲁士对立。从1865年开始，两国的对立不断升级。奥地利这边已经开始制定作战计划，并且违反已经达成的协议，在德意志境内鼓励奥古斯图斯堡运动，允许中等国家在邦联议会支持奥古斯图斯堡对易北河两大公国的权力要求，对普鲁士进行挑衅。1865年5月底，普鲁士国王召开枢密院会议，商讨如何摆脱困境。战争大臣罗恩和总参谋长毛奇主张通过战争吞并石勒苏益格和荷尔斯泰因。俾斯麦虽然也认为现在是发动战争的好时机，但还是建议再等一下。因为吞并这两个公国并不是发动战争的好由头，而且现在还存在和平解决争端的可能性。他将是否进行战争的决定权推到了国王身上，后者推迟了最后的决定。

接下来的几周，战与和的天平一直摇摆不定，直到8月份，局势令人吃惊地暂时出现了缓和。俾斯麦在加斯泰因（他以前曾经在这里疗养过）与奥地利特使布洛姆伯爵会谈后达成协议。协议很快被两国君主批准，史称《加斯泰因公约》（1865年8月14日）。公约最重要的是规定了普鲁士和奥地利对两个公国暂时的权力划分：普鲁士获得了石勒苏益格，荷尔斯泰因则归奥地利。此外，皇帝弗朗茨·约瑟夫以二百五十万丹麦塔勒的价格将劳恩堡让与普鲁士，普鲁士的版图因此得到小扩展。1865年9月15日，在劳恩堡并入普鲁士这一天，国王威廉为了奖励俾斯麦在开疆拓土方面作出的贡献，授予他可以世袭的伯爵头衔。普鲁士下议院此前拒绝给丹麦战争拨款，此时又以251票赞成、44票反对，宣布劳恩堡并入普鲁士在法律上是无效的，因为这一行为没有获得议会的批准。可以肯定的是,《加斯泰因公约》只是应急措施。但并非每个应急措施都以战争告终。

按照普遍的观点,俾斯麦在1866年年初便开始推动对奥地利的战争,相反,维也纳方面还在继续推行消极的政策。但如果我们不偏不倚地评估史料,就不会得出如此简单的判断。俾斯麦为从1865年与1866年之交开始迅速升级的冲突——尽管达成了《加斯泰因公约》——设立的最低目标(这不取决于他),当然是加强普鲁士在北德意志的权力地位,如果用醒目的方式来表达的话,即一个大普鲁士计划。在俾斯麦看来,如果他们能够和奥地利在德意志的权力分配上达成一致,并且邦联能够在兼顾民族运动要求的情况下进行重组,比如设立邦联代表分配制度的话,这一最低目标也可以通过和平的方式实现。直到1866年,俾斯麦的政策核心都不是建立一个小德意志民族国家,同奥地利兵戎相见。相反,他一直努力和哈布斯堡王朝一起以和平的方式分配德意志的权力和利益。

另一方面,奥地利领导层并不像通常所说的那样,满心思都是和平。用二元方案来解决德意志问题的尝试之所以失败,也是因为奥地利政府这些年来在德意志政策上不清楚自己想走哪条路线。他们时而想实行二元制,时而又坚持奥地利对德意志不容置疑的"长子继承权",确信哈布斯堡强大到足以通过自己的力量维持其在德意志和意大利境内的地位,因此并不需要向普鲁士妥协。从1865年起,奥地利领导层越发坚持其排挤普鲁士的大德意志政策，如同拒绝放弃唯一的主席尊严一样，坚决拒绝分割其最高指挥权。而且这时候，奥地利的财政陷入了困境。其财政大臣不加掩饰地说：要么通过与普鲁士一战，获得战争赔款来重组国家预算，要么宣布国家破产。回首往事时，奥地利外交大臣曼斯多夫伯爵非常后悔在《加斯泰因公约》之后，自己没有因和平观点未能实现而辞职；他遭到了政客们的否决，他们寄希望于"通过战功增加自己的权力，却忽略了……军事行动取胜的前提条件。一个成熟的人是不会在这样一个时间点轻率地处理这样一件影响深远的大事的"。诚然，奥地利不惜一切代价维护其在德意志邦联的统治地位的努力，比起普鲁士领导层扩大其在北德意志的权力范围，并且在邦联内谋求和奥地利拥有同等权利的决心，并非更"不道德"。但问题是，奥地利政府固执地坚持其在德意志的霸权地位（这在国家政策上缺乏真正的基础），在政治上是否明智，更深一步地讲，是否负责。

在这些基础性评论的背景下，现在概述一下冲突升级的最重要阶段。维也纳内阁以奥古斯图斯堡为杠杆，支持后者在荷尔斯泰因进行大肆宣传。1866年1月，在阿尔托纳的一次群众集会上，腓特烈亲王被拥戴为君王，并得到奥地利的默许。俾斯麦认为这损害了普鲁士国王作为荷尔斯泰因共有者的权利，提出强烈抗议。维也纳却毫不理睬。双方冲突迅速升级。

2月底，奥地利内阁和普鲁士枢密院都在讨论战与和的问题。2月21日，奥地利内阁决定备战。普鲁士枢密院在一星期后召开会议，除了王储，与会者均同意战争实际上已不可避免。尽管双方都没有刻意发动战争，但在外交和军事上都已经作好准备。

然而，俾斯麦这个时候还在计算战争的可能性，他不想完全排除另一可能性，即普鲁士不回避战争的坚定决心可能迫使奥地利在最后时刻让步。因此，在刚刚开始的同意大利进行的联盟谈判中，指示中包含这样一句话，即这个可能的联盟"绝对不会让两个国家立即就不得不发动战争……对我们来说，事情还没有发展到这一步。导致普鲁士和奥地利冲突的原因还在发展中"。同意大利的联盟（4月8日两国签订为期三个月的联盟条约）是一回事。在德意志战场上的表现又是另一回事。俾斯麦知道，现在重要的不再是易北河公国的问题，而是德意志问题。这也就是4月9日向邦联议会提出的动议的目的，该动议要求立刻实施全面的邦联改革，让由直接普选产生的人口代表参与其中。虽然这个提案似乎很耸动（也没怎么打动自由派），但俾斯麦在这里不过是重拾他在1863年已经公开宣讲过的建议。这项改革提案对奥地利提出了挑战。奥地利和德意志境内的大部分中小国家都对此表示反对。不过即便如此，德意志邦联的全面改革现在已经提上议事日程。

4月底，弗朗茨·约瑟夫皇帝下令调动南方的军队，维也纳内阁宣布将易北河两公国的命运交给德意志邦联来决定。这实际上意味着撕毁《加斯泰因公约》，已经是一种宣战行为。

普鲁士在这几周内最后一次提出的符合二元路线的和解方案（即"加布伦茨计划"）被奥地利拒绝。5月，维也纳方面还拒绝了拿破仑三世提出的、已被普鲁士接受的代表大会方案。但是6月12日，哈布斯堡和法兰西达成秘密协定，承诺如果奥地利在战争中获胜，便将威尼斯转让给法国，而法国则保证在战事中保持中立，并且不阻碍奥地利在德意志境内以普鲁士为代价获取领土。此外，条约还考虑在莱茵河左岸普鲁士境内建立一个满足法国要求的独立的莱茵国家。

5月以来，普奥双方都进行了战时动员。6月1日，奥地利将两个公国的决定权交与邦联。对于《加斯泰因公约》被撕毁，普鲁士的反应是，派军队不费一枪一弹占领了荷尔斯泰因（6月9日），并在邦联议会提出更为明确的改革方案，目的是将奥地利逐出邦联（6月10日）。第二天，奥地利断绝了同普鲁士的外交关系，并在法兰克福号召所有邦联军队一起参与作战反对普鲁士。6月14日，提案在邦联议会以9票赞成、6票反对获得预期的多数，普鲁士驻邦联议会公使（俾斯麦的前同事萨维尼）表示，普鲁士认为邦联条约"破裂""过期"。战争现在已经无法阻止了。

1866年春天，对于在政治斗争中久经锻炼的普鲁士首相来说，是一段非常艰难的时期。他不仅要在动荡的欧洲权力场中绸缪，采取最有前景的行动，还要应对国内旨在推翻他的阵线。奥古斯塔王后、王储夫妇、国王的女婿腓特烈·冯·巴登大公以及其他人都是本着这种精神对威廉一世做工作的，此外他们还准备好了一个接班人，即驻巴黎大使戈尔茨。俾斯麦在当时有多么受人憎恨，从5月7日大学生费迪南德·科恩·布林德的暗杀行为（俾斯麦奇迹般地毫发无伤）产生的反响可以看出：这位被俾斯麦夺下武器的刺客在监狱自杀身亡后，得到德意志很多地方的人的理解和同情。但从6月初起，形势逐渐明朗。在奥地利拒绝了加布伦茨的调解，破坏了法国的代表大会方案，撕毁了《加斯泰因公约》，断绝了同普鲁士的外交关系后，国王威廉一世终于下定决心，打这场已经不可避免的战争。

普奥战争的过程众所周知，这里只列几个关键的节点。6月17日至19日，汉诺威、萨克森和黑森公国在拒绝了最后通牒后，陆续被普鲁士军队占领。6月28日，汉诺威军队在朗根萨尔察附近投降。6月26日至29日普鲁士在波希米亚取得首场胜利，紧接着是7月3日的柯尼希格雷茨战役，凭借毛奇制定的出色策略，普鲁士使奥地利军队遭受了毁灭性打击，以至于奥地利皇帝弗朗茨·约瑟夫求和，并请法国皇帝拿破仑三世当调停人。柯尼希格雷茨战役当天，普鲁士选举了新的议会，虽然当时战争结果未明，但保守派成绩骄人，之前只有28席的他们得到了142个议席。进步党和左派议席数量大幅下降，从253席到148席。有这样的下议院结构，可以尝试解决宪法冲突。然而在此之前，要先解决和约缔结问题。

柯尼希格雷茨会战之后，俾斯麦认为绝对有必要尽快结束战争，以防止欧洲其他大国借机干预。7月9日，他给约翰娜写信道："我们一切都好，尽管有拿破仑的存在。假如我们不夸大自己的要求，不认为自己已征服世界，我们也将实现值得为之努力的和平。但我们是多么容易陶醉，犹如我们多么容易沮丧。现在我有个吃力不讨好的任务，那就是拿冷水去浇那冒泡的酒，好让人明白我们不是独自居住在欧洲，周围还有三个怨恨妒忌我们的强国。"

为了实现他认为必要的与奥地利的和解，俾斯麦必须先说服国王威廉一世。这很困难，因为在战争胜利的鼓舞下，国王威廉一世计划进军维也纳。俾斯麦曾多次戏剧性地描述道，同国王的令人筋疲力尽的会谈几乎让他精神崩溃。幸亏有王储的帮助，俾斯麦终于说服了国王。和谈先后在尼科尔斯堡（普鲁士指挥部所在地）、维也纳和巴黎进行。之所以在巴黎，是因为和谈的条款需要得到法国皇帝的同意。皇帝本指望战争拖长，从而能进行干预并获得赔偿，但普鲁士的速胜打乱了他的计划。不过作为和平调停人，皇帝的想法必须被纳入考量，而它们实际上与俾斯麦的如下两项中心诉求是兼容的：扩大普鲁士在北德意志的权力范围，奥地利离开德意志。因此，普鲁士与奥地利在尼科尔斯堡较快地达成了初步和解（7月26日）。普鲁士放弃对奥地利的割地要求。弗朗茨·约瑟夫皇帝承认德意志邦联的解体，同意一个"没有奥地利帝国参与的新德意志"，承诺承认普鲁士在美因河主线以北建立更紧密的联合，将在石勒苏益格和荷尔斯泰因两个公国的权益转让给普鲁士。这些条款在《布拉格和约》（1866年8月23日）中得到确认。

尽管没有要求战败的哈布斯堡王朝割地，普鲁士还是从这场战争中获得了丰厚的领土收益。他们吞并了汉诺威、黑森、拿骚、石勒苏益格-荷尔斯泰因以及自由市法兰克福。废黜三个合法的王室让威廉一世觉得棘手，甚至沙皇也不赞成这种革命性的行为，认为是对"君主制团结"的伤害。但俾斯麦不理会这些顾虑，他一心要让普鲁士成为一个领土互相连接的国家，结果是其国土面积增加了五分之一。这场争夺德意志领导权的战争就此结束。

1866年，在双方达成临时媾和后的8月是俾斯麦一生中最为殚精竭虑的时间。他分别和奥地利、南德意志各邦国签订和约，创建北德意志邦联，整合新吞并的地区，结束宪法争端。现在的问题是，他还必须反抗法国大使贝内德蒂在8月5日与他对峙时提出的带有威胁性的补偿要求：将莱茵河左岸的土地割让给法国，不干涉法国吞并卢森堡和比利时。俾斯麦采取了巧妙的拖延战术，暂时避免对此作出回应。鉴于法国人的贪婪，他在8月和巴伐利亚、符腾堡以及巴登签署了保护和防御联盟协议。

在普鲁士夺得德意志的领导权后，俾斯麦认为国内和平的时机也已经成熟，也就是说，他打算结束宪法争端。尽管有不少内阁成员以及保守党支持者反对，俾斯麦还是成功说服国王在新选出的议会开幕式上宣布，前几年的国家支出都缺少法律依据。因此下议院被要求追溯性地批准自那时起的支出，并且对政府给予补偿（免罚）。俾斯麦没有估计错。9月3日，议会以230票赞成、75票反对的大多数，通过了补偿法案。除了保守党，进步党和左派政党也有相当多的议员投赞成票。这已经表明了一个在接下来的几年变得越来越重要的事实：自由党分裂为支持俾斯麦的民族自由党和顽固的左派。在对奥战争获得胜利后，国内的和平局面无疑是俾斯麦的另一项巨大成就。

应国王的提议，下议院批准给俾斯麦四十万塔勒的津贴。他用这笔钱于1867年春在波美拉尼亚的瓦尔津（斯托尔普以南三十公里）买下一块带七个村庄的广阔地产，其面积达五千五百公顷，几乎一半是森林，后来又果断地追加购置了二千五百公顷的土地。俾斯麦在这里找到了他心爱的休憩之地，只要有可能就会来待上数天或数周。

1866年9月20日，获胜的普鲁士军队在人们山呼海啸般的欢呼声中通过勃兰登堡门，进入首都。在国王的战车前，是骑着骏马的三位"圣骑士"：毛奇、罗恩和身着少将军服的俾斯麦——在柯尼希格雷茨的战场上，国王授予他少将军衔。几天后，俾斯麦离开柏林很长一段时间，因为在过去的几个月中，他得顶着所有反对力量坚持自己的意志，在巨大的压力之下已经筋疲力尽；用他自己的话来说，就是"神经破产了"。在波美拉尼亚一个亲戚的庄园短暂停留后，他又作为普特布斯侯爵的客人在吕根岛住了几个礼拜，以恢复体力。在身心稍有恢复后，他为北德意志邦联起草了一部宪法。

1866年8月中旬，普鲁士同在普奥战争中没有站在奥地利一边与普鲁士为敌的北部和中部德意志邦国签订了正式的联盟宪章。萨克森和黑森（美因河以北地区）后来也加入进来。这二十二个邦国承诺在一年内建立新的德意志邦联。俾斯麦努力让邦联的集权色彩尽可能少，以方便南德意志邦国之后的加入。在起草宪章大纲的"普特布斯口授"中，他这样表述自己的指导理念："必须更多地坚持邦联的形式，不过要以弹性的、不引人注目的，但影响深远的表达方式，实际上赋予其国家的性质。因此作为权力中心机构的不是政府部门，而是议会。"俾斯麦审核了幕僚按照他的指示拟定的草案，并作了局部修改，12月，宪章草案被普鲁士政府和枢密院批准，然后提交给"盟国政府"的全权大使，上面有俾斯麦的完整签名。这是他的作品。根据略作修改的保罗教堂选举权，1867年2月12日举行了北德意志邦联的议会选举，在这次选举中民族自由党表现出色，进步党则不尽如人意。3月11日，俾斯麦就宪章草案发表演讲，并以之后闻名于世的句子结尾："我们将德意志放在马鞍上，他就能策马飞驰！"俾斯麦大力推进审议速度，设定的截止日期是1867年8月18日，但实际上审议七周之内就完成了。1867年4月16日，宪章以230票赞成、53票反对的广泛多数获得通过，7月1日正式生效。

俾斯麦起草的宪章是一部严格的组织法（没有规定基本权利，因为这部分在每个邦国自己的宪法里有明确规定）：位于顶端的普鲁士国王作为"主席"具有广泛的权力；

设立了"邦联参议院"(普鲁士占43席中的17席,即便代表着80%的人口)作为政府机关来制衡议会;帝国议会不追随任何负责的政府部门。

草案的基本结构维持不变,但在讨论过程中也有一些改动。俾斯麦在一些点上坚持不退让(比如拒绝了议员们的津贴要求),但也会在其他地方妥协。例如,明确了关于帝国议会及其成员的地位的规定,扩大了邦联的权限(刑法、民法、诉讼法以及债权法被纳入邦联立法),并通过预算法来确定邦联每年的收支。至于要不要建立一个以邦联首相为首的责任制邦联政府,大家展开了激烈的讨论。大部分人坚决反对俾斯麦的这项提议。另一方面,贝尼希森的动议则获得通过,即邦联议会的所有法令必须得到邦联首相的副署才能生效,"首相由此承担起责任"。这就把邦联首相的职责提升到了一个新层面:他不再只是受指令约束的公务员,而是唯一负责的邦联大臣。因此,俾斯麦决定改变初衷,自己去担任邦联首相。1867年7月14日,俾斯麦得到任命。

这期间,他经常生病。与国王、普鲁士的政府同僚、三个议会、二十二个邦国政府以及外部势力的谈判消耗着他的体力,折磨着他的神经。1867年4月,同俾斯麦一家有频繁交往的施皮岑贝格男爵夫人在她的日记里这样写道:"俾斯麦是那么虚弱,以至于几乎无法再忍受下去。"他自己在1868年3月间则这样说道:"事实上,从1865年12月初开始,我就在不停地生病。神经的衰弱变着法子地通过身体症状表现出来，使得任何长时间的精神活动都变得困难，有时甚至不可能。"值得注意的是，虽然自认为已"神经破产"，他却承担了大量工作，敏锐地关注着德意志及德意志之外的政坛动态，主宰着政府和议会事务。首先是对北德意志邦联的巩固。

俾斯麦评价1867年8月31日选出的第一届帝国议会（其中政治权力的平衡与立宪帝国议会大致相同）像"议会高压机"。大量法律的出台，迅速推动了创建一个现代工业社会以及统一法域的进程：允许在整个邦联内自由流动；废除了婚姻障碍；不再因拖欠债务而拘留；统一度量衡；改善交通；贸易法以贸易自由原则为基础，赋予工人结社权；通过了北德意志邦联商法典和刑法典；成立了高等商事法庭（在莱比锡）；自由成立股份公司，不用先申请国家的许可证。俾斯麦本人对这一令人印象深刻的改革工作作出了重大贡献，不过他把具体的实施工作交给了邦联首相府总管鲁道夫·冯·德尔布吕克。他在法兰克福任职期间就认识德尔布吕克，并对其非常欣赏。1867年俾斯麦将他任命为首相府负责人。北德意志邦联能在短时间里拥有当时欧洲最先进的经济和社会宪法，德尔布吕克同样功不可没。

在立宪帝国议会制定宪法期间，关于改组关税同盟（其中也有南德意志的邦国）的谈判也在紧锣密鼓地进行中。这项谈判于1867年6月结束。关税同盟改组，由两个实体组织组成，分别是：关税委员会以及关税议会。关税议会负责召开会议协商处理相关问题，由北德意志帝国议会的

297名议员和南德意志邦国的85名代表组成，他们是1868年2月根据帝国议会选举法选出的。在巴伐利亚和符腾堡的关税议会选举中，很多支持尽快加入北德意志邦联的议员遭到明显的失败，这一事实也证明了俾斯麦的观点，即这些邦国加入邦联的时机尚未成熟。

关税议会的选举结果清楚表明，南方邦国的大多数议员对加入北德意志邦联持保留意见。这让俾斯麦明白，统一的进程还很艰难，要作好长期奋斗的准备。另一个原因是当时的国际形势，特别是法国的态度。毫无疑问，法国不希望北德意志邦联的势力范围越过美因河。1867年春，在北德意志帝国议会的宪法审议期间，发生了卢森堡危机。这成了普鲁士和法国关系的转折点。现在人们该何去何从？

1866年8月，在法国的索赔要求落空之后，拿破仑三世与其内阁转而致力于吞并卢森堡。卢森堡公国当时与荷兰共主，曾为德意志邦联和关税同盟的一员，卢森堡市作为邦联要塞还有普鲁士的驻军。德意志邦联的解散让卢森堡公国成了独立的小国，也使得普鲁士驻军成为问题。对于法国吞并卢森堡的野心，俾斯麦在1866年与1867年之交的冬天并没有明确反对，但他希望法国采取巧妙灵活的方式，以避免引起德意志民族情绪的沸腾（卢森堡公国的居民大部分都说德语方言）。然而，拿破仑三世和他的部长们在此问题上并没有表现出特别老到的手腕。1867年3月，他们开始同荷兰国王威廉三世举行秘密会谈，后者同意以五百万古尔登的价格将卢森堡转让给法国,前提是得到普鲁士国王的同意。这个转让协议在德意志境内引起了激烈讨论。俾斯麦现在处于尴尬的境地。他公布了与南方诸邦订立的保护与防御同盟条约,努力寻求和平解决危机的方案。但与此同时,在军事圈子中要求与法国开战的呼声开始日益高涨。俾斯麦对他的同事科伊德尔这样说道:"如果能体面地避免战争,就不应发动战争;胜算大绝不是发动大战的正当理由。"

实际上,这场危机和平地解决了。鉴于德意志公众舆论的怒火,荷兰国王没有在合约上签字。卢森堡转让给法国一事暂被搁置。5月初,在伦敦召开的国际会议上,英国、法国、普鲁士、意大利和俄国一致同意保持卢森堡的中立地位。普鲁士撤回在卢森堡的驻军,并拆除要塞。卢森堡危机的解除让拿破仑三世及其政府觉得俾斯麦背叛了他们,从此走上和普鲁士对抗的道路。情势现在很明朗,只有将南德意志诸邦纳入北德意志邦联,才能对抗法国。

虽然德意志民族运动只将1866—1867年取得的成就视为一种过渡秩序,并要求采取强有力的举措完成德意志的统一,而且并不回避战争,但俾斯麦绝没有将北德意志邦联看作权宜之计,准备尽快且不惜一切代价地将之变成小德意志国家;北德意志邦联内部结构的基本要素在他看来是明确的。因此,他对南德意志的邦国采取谨慎克制的政策,认为保护与防御同盟和关税同盟这两座横跨美因河的可用的桥梁暂时已经足够。洛塔尔·加尔认为,俾斯麦是希望通过自动的联盟以及统一许多领域的法律标准，在军事、贸易和关税政策方面，与南德意志各邦建立客观的联系，创造结构上相互影响的可能性。这样的方式可以创建一个更加紧密的网络，最终导致南德意志的君主及其政府出于国家利益和权力的理由，加入北德意志邦联。

俾斯麦因拒绝向南德意志邦国施加压力以推动统一运动，受到民族主义圈子的批评。鉴于1866—1867年引起的高期望，这种克制谨慎势必伴随着一定的风险。但俾斯麦始终坚持自己的路线，一次又一次地阐述自己的观点，并为其进行辩护。最有名的一次讲话发生在1869年2月："我也认为，德意志的统一可能会通过战争的方式来推动。但问题完全是另一回事，即如何选择时机，以防止造成大的灾难。如果只凭主观的愿望武断地干涉历史发展，只会采摘到还没有成熟的果实；而在我看来，德意志的统一现在显然还未成熟……我们可以将钟表调快，但时间并不会因此提前。静观形势的发展，才是现在应该采取的务实政策。"

人们都说，1868年到1870年间，德意志的统一进程停滞不前了。但什么叫停滞不前？短短两年间都发生了什么事？因为俾斯麦的目标并非一举迅速并吞南德意志邦国，所以1870年年初他没有陷入极端的时间压力中，而他的德意志政策也没有陷入死胡同。这一首先由洛塔尔·加尔阐述的发现很重要，因为它表明俾斯麦在1870年代初并不认为非得发动战争，不像一些历史学家，如奥托·普夫兰茨所断言的："这时德意志事务再次陷入僵局，而与法国开战似乎是唯一可能的出路。"

因此,我们已经进入了1870年战争的预备阶段。这场战争是无法避免的吗?谁为战争的爆发承担主要责任?对此众说纷纭。有一点是毫无疑问的,即从1867年开始,普鲁士和法国的对抗成为欧洲局势的核心。但从这一前提——即自觉霸权地位受到威胁的法国同崛起为德意志领导力量的普鲁士之间的武力冲突是绝对不可避免的——出发,并不能得出战争作为最后的解决手段是合适的。还有一个事实反对战争的合理性,即欧洲各国的首相们都知道法国皇帝每况愈下的身体状况(他在1873年1月初去世)。鉴于波拿巴主义体系的结构,人们无法预测拿破仑三世离位后法兰西的内部情况,其是否对欧洲的和平有利。因此比较符合实际政治局势的做法是赢得时间。因为德法关系即便短期内会剑拔弩张,但从中期来看,是有可能逐渐缓和的。俾斯麦多次表达了这样的推测。

1870年7月危机迅速升级的导火索是西班牙王位继承问题。当时的王位候选人是来自霍亨索伦家族的利奥波德亲王。这是欧洲历史上最快引发战争的危机:从7月3日西班牙危机爆发到巴黎内阁在7月14日下午进行战时动员,只有不到两周的时间。为什么霍亨索伦家族的竞选能够形成如此大的爆发力?1868年9月,西班牙爆发了民众支持的军事政变,推翻了复辟的政权,西班牙女王伊莎贝拉被迫逃亡。从那时起,西班牙就在寻找一位新的国王。在多方寻觅未果后,西班牙首相马夏尔·普里姆在1870年2月向锡格马林根的霍亨索伦家族求助，并请求允许利奥波德亲王继位为西班牙国王。利奥波德是天主教徒，同葡萄牙国王的姐姐结了婚，他的祖母和他妻子的祖母都是波拿巴家族的亲戚，他的弟弟于1866年在拿破仑的支持下成了罗马尼亚的亲王。

俾斯麦强烈建议霍亨索伦家族接受西班牙的提议。并且他也接受了普里姆的建议，对竞选绝对保密，直到西班牙议会选举新国王前夕。但是这个秘密还是泄漏了。由于短期内无法选出王储，7月2日，马德里四处传言，称利奥波德是马夏尔·普里姆属意的王位继承人。7月3日，法国大使立即将这个消息电告了巴黎。

长久以来历史学家们一直很好奇，是什么驱使俾斯麦支持霍亨索伦家族的人去继承西班牙王位，并努力促成这件事。由于没有明确的文字资料能展现俾斯麦当时的想法，大家只能猜测。俾斯麦是想借此打破当时法国—意大利—哈布斯堡王朝的三角联盟吗？对他来说，这是理顺德法关系的一个契机吗？或者他试图将拿破仑三世引入陷阱，打破德意志统一进程陷入的僵局，从而完成小德意志帝国的统一？所有这些以及更多的猜测都可以在文献中找到。它们的共同之处是指责俾斯麦有着既深远又复杂的隐秘动机，将人为的算计发挥到了极致。通过对现有材料的分析和权衡，可以得出如下解释：俾斯麦之所以极力支持接受西班牙的提议，是基于他对欧洲"总体政治形势"的评估。参选当然不是对法国的友好行为，但正如拿破仑三世不遗余力地恶化普鲁士在欧洲的处境，俾斯麦有责任改善普鲁士在欧洲的处境，参选看起来符合他的这一目的。一旦巴黎强烈反对霍亨索伦家族的亲王，俾斯麦确信他在政治上就有了广阔的操纵空间。而巴黎政府并不具备出兵攻击普鲁士政府的理由，因为参选作为王朝事务，仅仅与霍亨索伦家族有关，与普鲁士国家无关。但俾斯麦这样的假设是完全错误的，而7月初发生的事情印证了这一点。

在竞选的消息传出后，巴黎政府有四周时间可以设法阻止霍亨索伦家族的亲王。他们可以向西班牙施压，也可以向亲王施加影响，让他自己放弃候选资格，还可以和时任霍亨索伦家族族长的普鲁士国王威廉一世取得联系。但是拿破仑三世和他的政府没有采取上述做法，而是不加任何试探，立刻决定举全力给普鲁士狠狠一击，为了让他们在全欧洲的注视下蒙受耻辱。7月6日，法国外交部长格拉蒙在议会发表了一项内阁一致通过的军事声明，在结尾不加掩饰地发出了战争威胁。法国政府和普鲁士政府谈判的回旋余地突然被最大限度地压缩了。因此7月6号的军事声明被认为是通往战争路上的决定性的里程碑。

并非所有学者都这么看待。有的认为，俾斯麦应该已经提前预见到法国反应的形式、力度和方向。但这个说法是错位的。法国人的做法是史无前例的，因此并不能预先反应。欧洲所有国家的领导人都被格拉蒙在议会发表的声明震惊了。俾斯麦并不是唯一预判错了的人。

7月12日，利奥波德的王位候选资格被撤销。法国人达到了他们阻挠霍亨索伦家族出任西班牙国王的目的，取得了外交上的重大胜利。但法国的当权派和被他们煽动起来的民意并不满足于这样的胜利。因为他们原本的目的是通过表明开战的决心给予普鲁士狠狠一击，但现在计划落空；利奥波德的放弃声明，使得普鲁士依然完全置身事外。因此法国人在得知利奥波德的候选资格被取消后，采取了进一步的行动，以迫使普鲁士国王向公众承认自己的介入。他们要求普鲁士驻巴黎大使向拿破仑三世递交威廉一世的道歉信。法国驻普鲁士大使贝内代蒂得到指示，来到威廉的疗养地巴特埃姆斯，向普鲁士国王索取一份可公开使用的有约束力的保证书，保证他不再认可霍亨索伦亲王的西班牙王位候选资格。7月12日至13日晚间，格拉蒙向普鲁士外交代表告知了法国的新要求。至此，法国政府已将所有退路切断。如果威廉拒绝保证，巴黎在欧洲各国看来将会是输家，届时它将如何掷骰子，几乎没有疑问。事实上，它要求的保证声明没有拿到。

7月13日，贝内代蒂在埃姆斯的喷泉长廊和威廉一世进行了谈话，试图诱使他发表一项能让巴黎从中获利的声明，但这只是白费功夫。威廉派一个副官告知贝内代蒂，他已经同时收到了霍亨索伦亲王放弃的消息，他现在没什么话要和他说的了。俾斯麦从一封电报中得知了上述情况，并且得到授权"将贝内代蒂的新要求以及君主对此的拒绝告知我们的大使和报界"。得到授权后的俾斯麦编辑了《埃姆斯的电报》一文。他将原文修改得更加紧凑，结束语的措辞更为强硬，但修改后的《埃姆斯的电报》，并没有像人们经常宣称的，变成一份"伪造书"或"战争檄文"。决定性的因素毋宁是普鲁士的拒绝使法国政府陷入绝望的境地，特别是他们还要在7月15日的议会上就此受质询。7月14日，法国内阁开会决定进行战争动员时，《埃姆斯的电报》事实上并没有起作用，巴黎方面那时还不知道其准确的内容。真正的原因是普鲁士君主拒绝保证，这让拿破仑和他的部长们确信，只有通过战争才能拯救法兰西的"荣誉"。7月14日的动员决定作出后，战争变得无法避免。7月19日，法国的宣战声明被送达柏林时，双方的军事部署都已全面展开。

战事的进程众所周知，这里不再赘述，只提几个方面。法国发动战争，是为了能长久地限制普鲁士的地位，并阻止其建立一个小德意志民族国家的努力。但这一政策以法国的惨败而告终。法军的调度一片混乱。当巴黎不只是希望，而且是坚定地等待哈布斯堡王朝和意大利能够立刻参战加入法国一方，后两者却都采取了观望的态度。俾斯麦成功将这场战争限制在法国和德意志各邦国之间，在战争第一阶段，他的主要目的已经达到。紧接着北德意志和南德意志军队在战争爆发后很快就击退了法军。8月初，德意志军队接连在魏森堡、沃尔特以及萨尔布吕肯附近的施皮歇雷尔高地的战斗中取胜。8月中旬，在伤亡惨重的梅斯战役中，德军成功包围固守梅斯要塞的十五万法国"莱茵部队"士兵。9月1日，在色当的决定性会战中，法军溃败并宣布投降。法国皇帝拿破仑三世和将近十万士兵被普鲁士俘虏。

然而，以为这些军事胜利会决定战争的期望并没有实现。俾斯麦同由几名大臣组成的"机动外交部"一起陪同国王回到战区，希望在色当会战后尽快开展和平谈判。但是通往和平的道路被暂时关闭。因为9月4日巴黎爆发起义，摄政皇后欧仁妮被推翻并被迫流亡。由反对党组成的政府接管了权力并决定继续与普鲁士作战。9月19日，已被改造成要塞的法国首都巴黎被德军包围。德军司令部驻扎在凡尔赛。俾斯麦和他的同僚则住在安静的普罗旺斯大街的别墅里。他最关心的是如何迅速结束战争，以防止欧洲其他国家的干涉，他一直担心这种干涉，这并非毫无根据。因此，他认为总参谋部给他的工作造成了很大的困扰。他们没有详细地向他汇报战争进程，而且在他看来，军队领导层对围攻巴黎犹豫不决。他（和其他许多人）强烈要求炮击巴黎，参谋部却以枪炮不足为由，认为不可行。关于是否要轰击巴黎的频繁争吵（终于在岁末年初之际开始）在战争和政治的冲突中达到顶点。俾斯麦直到来年1月才完全掌握了决定权。

几个月来，战争如何结束仍然是一个难以解决的问题。为了寻找谈判伙伴，俾斯麦不仅与当时作为法国实际政府的临时政府代表进行接触，而且在很长时间里保留与已经失势但法理上依然存在的摄政当局缔约的选项。直到1871年1月底，俾斯麦才决定和法国临时政府进行会谈：这时巴黎已经陷入粮食危机，临时政府的外交部长儒勒·法夫尔来到凡尔赛拜会俾斯麦，与他进行停火谈判。根据1871年1月28日达成的协议，法国应该立刻选举国民议会作为法兰西国家的合法代表机构。2月5日选举出的国民议会委任阿道夫·梯也尔为"行政首脑"。2月26日梯也尔、法夫尔和俾斯麦在进行多轮谈判后签订《凡尔赛初步和约》，并在3月1日获得法国国民议会批准。

根据和约，法国除了向德意志帝国支付五十亿法郎的战争赔款外，还必须割让阿尔萨斯和洛林的部分地区。今天普遍认为，强迫法国割让土地是俾斯麦的一大错误决策。但如果重新回顾整个过程，将战争期间所有的情况都考虑在内，就不会轻易得出这样的评判了。在8月的胜利后，南北德意志都自发地确立了一个广泛的共识，即至少必须得到阿尔萨斯，以作为"对胜利者的奖励"。所有的政治派别都同意应该削弱法国的实力。不仅仅是公众舆论的压力，就连俾斯麦自己从8月中旬开始也认为让法国人割让土地是绝对必要的。内部领导层在这个问题上保持了高度一致。除了更好地保护南德意志的边界，以对抗一个不安分的邻居这一核心动机和理由外，1866年以来发生的种种也对俾斯麦的考虑发挥了重要作用。虽然1866年的普奥战争中法国没有出一兵一卒，并且战后达成的和议也满足了拿破仑三世的愿望，但在法国人看来，普鲁士的胜利就是法国的失败，"为萨多瓦报仇"[①]的呼声空前高涨。那么对于这次惨

[①] 萨多瓦为1866年普鲁士战胜奥地利的战场。

败，法国人会怎么反应呢？8月25日，俾斯麦说："不管是否割让土地，法国人的复仇情绪都不会有丝毫改变。"在几天前，他还说："我们在萨多瓦的胜利，已经唤起了法国人心里的仇恨；如今我们打败了他们，他们会怎么面对我们的胜利呢？即便不割让土地，为梅斯，为沃尔特报仇的意念也会比为萨多瓦和滑铁卢更强烈。如果不能将一个敌人改造成值得信赖的朋友，那么至少要尽力去削弱他，确保我们能战胜他。这是目前情况下唯一正确的做法。"这正是和1866年相比的本质性不同：法国人的不可调和，是俾斯麦的基本假设。他也很清楚，领土的割让是一个沉重的负担，但在他看来，承受这个负担是不可避免的，何况德意志政治和军队领袖以及公众在这个问题上的想法完全一致。左翼自由主义政治家路德维希·班贝格不是一位民族主义者，他非常了解法国和法国人。他在1890年代中期写的话很引人深思："我确信，即便普鲁士没有要求法国割让土地，法国人对获胜的德意志的憎恨以及想要报复的心也一点都不会少。即便德意志人一寸土地都不要，法国人也不会感激。他们是战胜者，这个事实就足以让法国人心里燃起熊熊的复仇之火。"

与法国开战后，南北德意志的民族热情高涨。大家都确信，这场战争将带来德意志的统一。但要将这项愿景变成政治现实，比大部分同时代人想象的要困难很多。俾斯麦坚持他先前的做法，并未对南德意志各政府施加压力（虽然王储命令他这样做)。通过与巴伐利亚、符腾堡、巴登以及黑森的艰难谈判,他最终成功让大家彼此妥协,在此基础上,南德意志各邦国政府宣布加入北德意志邦联,仅在军事、税收、交通以及邮政方面保留部分权利。通过11月15日至25日间签署的《十一月条约》,北德意志邦联宪法在小幅度修改后,成为德意志帝国的宪法。小德意志民族国家由此诞生。在同巴伐利亚签署条约后,俾斯麦走到他的同僚中间,激动地说:"德意志的统一完成了,我们的皇帝产生了。"

但距离统一的完成还有相当一段路要走。《十一月条约》必须经由各个邦国的议会批准(在巴伐利亚,仅以勉强多数通过),宣布威廉一世为德意志皇帝的事宜也须筹备。这需要俾斯麦施展出其全面的、精湛的外交才能。他是怎样鼓动巴伐利亚国王路德维希二世提议让威廉一世出任皇帝(以及为此付出的代价),又是怎样为称号问题同威廉一世起争执(在此过程中引起了威廉一世的强烈不满),所有这些都已被各种文章反复描述,这里就不必提及。对于当时的和后来的人们来说,1871年1月18日在凡尔赛宫镜厅举行的皇帝加冕仪式,象征着德意志帝国正式建立,其宪制基础是由同年3月选出的新一届帝国议会在4月14日通过的帝国宪法。俾斯麦被任命为帝国宰相,并被封为世袭侯爵,五十六岁的他站上了政治生涯的顶峰。在德国内外,他都是公认的欧洲杰出政治家。他也成了德国最大的地主之一。1871年6月威廉一世将劳恩堡公国的弗里德里希斯鲁赏赐给了俾斯麦,一共有两万五千摩尔干的森林和两千摩尔干的耕地。这里也很快成为俾斯麦一家钟爱的居住地。

第五章

巩固和维护和平
(1871—1890)

随着德意志帝国的建立，俾斯麦政治生涯中的"英雄时期"也就结束了。在接下来担任帝国宰相的二十年间，俾斯麦辛勤工作，对外政策以维持欧洲和平为导向，对内则以持续巩固年轻的帝国为首要。毋庸置疑的是，俾斯麦实现了其外交政策的主要目标，但在内政方面，他的方法和取得的成就尚存争议。可以确定，俾斯麦在内政领域的很多事情，都没有做成。下面我们就来谈谈这个话题。首先，我们需要简单考察一下这位长年热衷于权力扩张的人的处境。

十多年对内对外的政治争斗，让俾斯麦的身心承受了巨大压力，损害了他的健康。他对自己健康状况以及日益减弱的工作精力的抱怨有力地证明了这一点。他写道："我的油已耗光，再也坚持不下去了"（1872年5月）。诸如此类的表达有很多。风湿痛、面部三叉神经痛、流感、胃痉挛、腿部的旧伤以及总是出现的精神紧张交替折磨着他。他的这种不良的健康状况至少部分是由心理原因引起的。

但除了工作上的压力,这也要归咎于他极不健康的生活方式。去俾斯麦家做过客的人都会惊诧于首相的饮食习惯。根据1880年首相府总管的说法,早餐由烤牛肉、牛排配土豆、冷鹿肉、田鹬、布丁"等等"组成;吃任何食物都要佐以红酒、香槟或啤酒。年轻时很瘦的首相在1870年代体重飙升,到1879年已经达到一百二十四公斤。直到1883年恩斯特·施韦宁格担任俾斯麦的医生之后,他才停止这种无节制的饮食方式,改由遵照这位年轻的巴伐利亚医生开的食谱。施韦宁格的方法富有成效。俾斯麦的体重降到九十公斤,面部三叉神经痛更少复发,睡眠质量改善,其他病痛也得到了缓解。

糟糕的身体状况让俾斯麦在七八十年代不得不经常去做长时间的疗养。平均下来,每年他只有半年在首都处理公务,其他时间都在瓦尔津、弗里德里希斯鲁,以及尤其是基辛根(十四次)和加斯泰因的疗养浴场。但他即便在疗养,也摆脱不了政府事务,相反,把手里的缰绳抓得更紧。他的下属会不间断地将所有的重要事宜向他汇报,而他通过信件或亲信的转述来进行决断性的干预。

可以明确地说,首相的身心状况越来越不稳定,这是不可否认的。他也忧心忡忡地觉察到了自己的这种"病态的烦躁",这种"把每一件小事都变成冲突事件的倾向"。造成这种状况主要有两个原因:其一是日益增长的孤独感,其二是俾斯麦所谓的"摩擦"。

孤独感——1873年老战友罗恩退休时,俾斯麦忧伤地抱怨道："在工作中，孤独包围着我，时间越久，寂寞越深。老朋友要么去世了，要么成了敌人，而新朋友不再得。"首相越来越重视家庭的纽带，逐步回归家庭。三个孩子中，大儿子赫伯特与父亲离得最近。他进入外交领域，帮父亲做一些工作，最后成为外交部的国务秘书。

1881年，俾斯麦家里却上演了很戏剧化的事情（当时并不为人所知）。赫伯特热烈地爱上了美丽、善交际、比他大十岁的伊丽莎白·冯·卡罗拉特侯爵夫人。侯爵夫人甚至为他离了婚。因为这位信仰天主教的侯爵夫人的家人属于反俾斯麦阵营，所以首相断然拒绝了赫伯特的结婚请求。父子之间爆发激烈冲突。俾斯麦甚至以自杀相威胁。最终他强迫赫伯特放弃了同侯爵夫人结婚的打算。遭受这样的打击后，赫伯特变成了一个愤世嫉俗、内心苦闷，言行时常粗暴的人。

俾斯麦所谓的"摩擦"，指的是他不得不预计到的来自宫廷的阴谋和责难，它们给他的工作增加了难度。早在1871年，普法战争胜利才几个月，他就对他的哥哥坦言，他的工作虽然看起来光鲜，但其实很棘手，对此"没有谁比我更清楚，而我的身体已经到了极限，再也无法消化所有那些生命暗地里注入我血液中的愤怒，我的精力已无法再满足工作上的需求"。一年后，罗恩听他说道："我渐渐被王宫中的所有人嫌弃，国王对我的信任也日益减少，每个阴谋家都有自己的耳目。"俾斯麦说的头号敌人是奥古斯塔皇后，他俩从1848年革命开始就成了死对头。俾斯麦指责她一直干预国家政事。她逼迫她的丈夫对她让步，特别是在人事方面和对外政策方面，她知道这样会让他不自在，将他置于尴尬的境地。她经常与法国大使会谈，并且听从法国大使和中央党首领温德霍斯特的建议。1877年俾斯麦因为这些持续不断的"摩擦"递交辞职信（辞职在多大程度上是认真的，人们的评判不一）时这样说道："她的阴谋已经接近卖国了。"对于这些"摩擦"给俾斯麦造成了多大负担，以及为了制止宫廷的不良影响他付出了多少努力，尤其在1870年代，同时代的人自然不知道，在关于俾斯麦的历史著作中也很少探讨，然而在判断俾斯麦在帝国统治体系中的权力地位时，必须考虑这一点。

在同法国的战争结束后，正如福尔克尔·乌尔里希不无道理地指出的，俾斯麦远没有任何必胜主义的优越感。他比绝大多数同时代人都更清楚，一场即便军事上如此成功的战役，要想以缔结和约结束有多困难，欧洲的列强又是怎么带着焦虑和怀疑的目光看待这个位于欧洲中部的紧凑的新帝国。俾斯麦确信，德意志帝国已经"饱和"，不需要再通过新的战争来赢取什么。从这一信念出发，他以具有说服力的逻辑得出自己外交政策的主要目标：维护欧洲各国间的和平。

因为维护和平是1871年后俾斯麦的最高外交政策目标，他断然将很多战争阻止在了萌芽阶段，正如他在1870年以前就已经开始的那样。他不止一次公开表达了他的这一态度。1871年后，对欧洲和平产生威胁的主要因素有两点：

第一，法国人想要复仇的愿望；第二，俄国和奥地利在巴尔干半岛上的利益冲突。对于第一点，欧洲每个政治家，包括法国的政客们都清楚，法国是不敢单独和德国开战的，它需要和其他国家联盟才能采取行动。因此，俾斯麦工作的重点就在于瓦解法国的各种联盟。在他看来，最好的方法莫过于让法国保持共和而非君主政体。在这个问题上，他和头脑顽固的德国驻巴黎大使哈里·冯·阿尼姆产生了很大的矛盾，后者违背俾斯麦的明确指令，致力于复辟法国的君主制（并积极争取皇帝威廉一世的支持）。对于这样一个不顺从的大使，俾斯麦在1872年12月写道："我们需要做的是孤立法国。如果法国不愿意保持和平，我们就要阻止它找到盟友。只要法国没有盟友，它就不会对我们造成威胁。只要欧洲的列强联合起来，就没有一个共和国能对他们造成威胁。反过来，共和政体的法国将很难找到一个君主同盟来反对我们。"为了防止法国从俄国或者哈布斯堡王朝找到强有力的支持，俾斯麦一直努力在俄国、奥匈帝国和德国之间建立更紧密的双边关系，并在1873年促成了三皇同盟协议。虽然该协议的重要性不应高估，但它的确缓和了俄国和哈布斯堡在巴尔干半岛的利益矛盾，阻止二者闹崩。

如资料表明的，自1871年同法国议和后，俾斯麦一直致力于推行以维护欧洲和平为导向的外交政策。无需1875年的"战争在即"危机来向他表明，要想改变中欧既有的力量平衡，除非发动一场大战，否则不可能。这场被大家经常提及的危机并不是俾斯麦引起的，毋宁说他是在一系列情况的作用下，无意卷入其中的。这场危机的导火索是德国新闻界对法国旨在增加军队维和力量的基干官兵法的反应。虽然俾斯麦并没有反对对不满的明确表达，但他显然与这篇使危机获得命名的敲警钟的文章（《是否战争在即？》）无关，而且他也无意与法国开战。英国和俄国则将所谓的战争威胁视为难得的机会，试图通过支持看起来受到威胁的法国，以敲打德意志帝国的领导层，让他们注意自己的位置。特别是俄国外交大臣戈尔查科夫，在这次事件中作为和平救星的形象出现。这让俾斯麦耿耿于怀，认为他这是对三皇同盟的侮辱。这场危机的后果主要由俾斯麦背负，它被视为帝国宰相的一次尴尬的失败。

"战争在即"危机解除后不久，欧洲的政治家们再次把目光聚焦巴尔干半岛。在土耳其军队血腥镇压了巴尔干起义后，俄国以此为理由于1877年4月宣战。土耳其的抵抗在俄军攻克普列文要塞后土崩瓦解。俄国兵临君士坦丁堡城下，强迫土耳其签署和约，将其欧洲领土缩减到君士坦丁堡周围的区域（1878年3月3日，圣斯特法诺），并计划建立范围直到爱琴海的大保加利亚公国作为自己的卫星国。但这一计划并不符合英国在东地中海的利益，也未考虑奥地利在巴尔干半岛的利益。对于俄国势力范围的如此扩张，两国并不准备逆来顺受。欧洲陷入战争的威胁中。

面对正在迫近且逐步升级的冲突，俾斯麦密切关注，但保持严格的中立。俄土战争爆发后，俾斯麦在基辛根温泉疗养地，向儿子赫伯特口述了一份备忘录，这就是有名的《基辛根口述》。俾斯麦在其中解释了他的"联盟的噩梦"，阐述了他的外交策略的基本原理。其核心的一句话反复被引用：他萦绕于心的"不是国家的某种获得，而是一种政治上的总体态势，即除了法国之外的所有大国都需要我们，它们之间的关系会尽可能阻止反对我们的联盟出现"。

在《圣斯特法诺条约》签署后，国际冲突局势得到缓和，根本解决方案则要在柏林大会上讨论。1878年6月13日至7月13日，大会在柏林的首相府召开，俾斯麦任主席，欧洲主要国家的政治家都有参加。大会一开始，各国就在最有争议的问题上达成了一致。这有助于大会的成功举行。另外一个成功的因素是俾斯麦对谈判的引导，使其朝着利益平衡的方向进行；德国宰相认为自己的角色不是仲裁员，而是"十分想达成交易的诚实的中间人"。通过在这次大会上的调停工作，俾斯麦成功打消了欧洲广泛存在的对德意志帝国及其决策领袖的猜疑；现在他在欧洲政界的声望和影响力达到了顶点。

作为大会协议的结果，俄国放弃了一部分战争果实（保加利亚南部的"东鲁米利亚"继续作为拥有行政自治权的行省留在土耳其），但得到了1856年割让给罗马尼亚的比萨拉比亚，以及小亚细亚的领土。塞尔维亚、黑山和罗马尼亚独立。保加利亚成为向土耳其朝贡的自治公国。希腊获得伊庇鲁斯和塞萨利的一部分土地。英国获得了塞浦路斯岛。奥匈帝国获得对波斯尼亚和黑塞哥维那的占领权。除了德法，所有欧洲强国都从这场战争及柏林大会中获利。

但俄国对此极为失望。俄国首相戈尔查科夫亲自参加了柏林大会，他将矛头指向俄国第二全权代表舒瓦洛夫伯爵，同时指责俾斯麦没有支持俄国的愿望（俾斯麦很反对戈尔查科夫多年来将德意志视为沙皇俄国的小伙伴）。彼得堡和柏林之间的不满愈演愈烈，并随着1879年8月15日沙皇亚历山大二世写给威廉一世的一封被称为"打耳光的信"而到达顶点。在信中，亚历山大二世强烈要求威廉一世就德国今后的政策方向作出明确说明，并对俾斯麦提出了异常尖锐的批评。这封信是压倒俾斯麦的最后一根稻草。在一次内阁会议上，他称："俄国在他唯一的朋友面前，表现得像一个亚洲专制君主，嫌仆人跑上楼梯的速度不够快……他的举止和他的信，就像主人对待仆从一样。"俾斯麦长期以来一直避免在沙俄和哈布斯堡之间选择，但现在是作出决定的时候了：在目前的形势下，他决定和奥匈帝国建立紧密的联盟关系，即"两国同盟"。他将奥地利外交大臣安德拉希伯爵视为一个可以信任的谈判伙伴。1879年9月底，在维也纳逗留期间，他同伯爵签署了一份秘密的盟约。然而，在盟约真正生效之前还存在一个大障碍需要克服：威廉一世将这个盟约视为对他的外甥沙皇亚历山大二世的背叛，所以坚决反对。

在这几个礼拜，威廉和俾斯麦并不在同一个地方，因此面对如此重大的意见分歧，君臣两人努力通过大量的信件来争辩和解决。俾斯麦用尽了一切办法，从强调这是内阁的一致决定，到以辞职相威胁，最终说服皇帝让步，批准了这项条约（1879年10月16日）。两国同盟是一个纯粹的防御性联盟，最初以五年为期，条约的内容保密。其中最重要的条款是，如果两国中任何一国受到俄国的攻击，另一国都必须以其全部的战争力量给予援助。俾斯麦并不想通过这一同盟和俄国断交，相反，他希望通过转向奥地利，让俄国重新回到德意志的政治中来，在这一点上，他获得了部分成功。1881年6月，三皇同盟重新建立。

如果说1878年至1879年德国在外交政策上进行了一定的调整，那么我们现在要谈到的内政这一广泛领域的调整则要大得多。联邦德国总理维利·勃兰特的看法很具有代表性："俾斯麦对外成功地达成了一致，对内却未能做到这一点。"这一广为流传的评论是否准确？一如既往，在作出简明有力的判断之前，最好冷静地考察事实。毫无疑问，在帝国建立后，最重要的任务是通过对内整顿来保护和巩固已取得的成就。在这一点上，俾斯麦部分取得了成功，部分未成功。

让我们先从大体成功的部分说起。1870年代对年轻的德意志帝国来说，是一个非常重要的改革时期。这得多亏帝国宰相和自由党人的密切合作，后者在帝国议会中定调，"这座新的国家房子以自由主义的精神装修"（迪特尔·朗格维舍语）。

在北德意志邦联期间就建立起来的统一法域从1871年开始被迅速推进：货币法、帝国银行的成立、公司法的自由化、《帝国贸易和商业条例》、《帝国新闻法》、帝国官制的建立、司法制度、帝国法院在莱比锡的设立、普鲁士关于自治与行政法庭的条例（导致1872年俾斯麦与普鲁士旧保守派的决裂）。货币法和银行法的实施，导致德意志境内原有的七个货币区和三十三个中央银行消失。现在德意志帝国境内的统一货币为马克，帝国的货币主权由帝国银行来保障。那个时期的改革的重要性，在回顾的时候常常被低估，因为改革的结果对当下的我们来说似乎太理所当然了。

为了制定法律，推动德意志的现代化进程，俾斯麦需要得到帝国议会的多数支持。因为按照宪法的规定，所有的法律以及预算都需要得到议会批准。这一规定明显是为了限制被人们一再谈及的"宰相专制"（限制俾斯麦权力的另一因素是被忽略的宫廷派对他的影响）。争取议会多数支持政府的法案，是德意志帝国作为君主立宪制国家的治理艺术之所在。因此政府必须和各党达成协议，但俾斯麦不想政府变得依附于它们。

到1870年代末为止，宰相可以确信，主导帝国议会的民族自由党同自由保守派有合作的基本意愿；甚至在棘手的军费预算问题上，双方也达成了妥协（1874年9月法令）。而到了1880年代，俾斯麦的执政变得越来越困难，因为他现在通常无法再依赖一个明确的议会多数。每一项政府法案的通过，都需要在议会里苦苦争取，而宰相在使用各种施压手段时也毫无顾忌。然而，政府的法案并不能每次都成功通过。通常被忽视的一个事实是，政府的一些法案因为缺少议会的批准并没有成为法律，而大多数情况下，政府提交的法案在议会的审议过程中，都或多或少地进行了彻底的修改和重组。换言之，立法的通过是政府和议会妥协的结果。

1870年代，政府和议会多数派在推动德国现代化上取得的显著成就被两件事所掩盖：其一是"文化斗争"，后面我们会对此详细探讨；另一件事就是历史上以"创始人的崩溃"为名的经济危机，我们先讨论这个。战争结束之后，借助法国五十亿金法郎的战争赔款（约合四十二亿德国马克），德国经济进入繁荣期。短短三年时间里新成立的钢铁厂、高炉厂和机械厂的数目，达到了过去七十年的总和。无数的股份公司如雨后春笋般涌现，其资本达到了过去四十四年的总和。1870年到1872年，德国工业总产值增长了将近三分之一。

在经济上升期成立的股份公司经常只是一个借口，为了在证券交易所进行无节制的投机，很多贵族和上流阶层人士都参与其中，竭尽全力将股价推到高位。1873年5月，奥地利股市开始崩盘，由此造成的恐慌蔓延到意大利、俄国和美国，并在这年秋天来到德国。短短几个月内，便有大量银行和公司倒闭。1874年年初，六十一家银行、一百一十六家工业企业和四家铁路公司宣布破产。巨额资本在这次创始人危机中蒸发，许多生计都被摧毁。虽然并不是所有阶层的人们都以同样的方式遭灾——有的人压根没有注意到危机的影响，但关于破产的耸人听闻的报道制造了一种危机的气氛，造成了深远持久的影响。由于许多犹太金融家涉足股票市场业务，股票市场崩盘带来的心理冲击也成为现代反犹太主义产生的一大起因。

繁荣突然结束后，紧接着是一段经济增速放缓的时期，虽然其间也有几次短暂的恢复，但缓增期要持续到1890年。经济政策问题俾斯麦之前基本上是交给德尔布吕克，而现在他不得不把精力更多放在这一块。这次创始人危机也推动了贸易和税收政策的调整，1879年的关税体现了这一点。

除了经济发展——繁荣与危机——之外，1870年代内政方面的另一个关键主题是"文化斗争"，该术语由左翼自由主义者鲁道夫·菲尔绍提出。这是一场关于国家文化主权的激烈冲突，一方是俾斯麦政府和自由派，另一方是罗马教廷和信奉天主教的中央党。事情是这样的：1864年教皇庇护九世公布《谬论概要》，指责自由主义的政治、文化以及经济原则与天主教信仰不相容，并在1870年的第一次梵蒂冈大公会议上，提出教皇无误论，以此扩大教皇在教会内部的权力。这种教皇至上主义也在德国天主教得势，对此自由派所在的市民阶层的反对尤其强烈，他们信仰新教，认为教皇至上主义阻碍了进步和现代化，是一种国际联合势力，会损害本民族的利益，不值得信任。作为罗马教廷激进思想的先锋，耶稣会也成为日益增长的反天主教情绪的目标。

1870年12月，一群信奉天主教的议员在柏林决定成立一个教派性政党，受罗马领导的天主教于是成为德意志政治的一个重要因素。1871年3月中央党参与了第一届帝国议会选举，获得63席，一跃成为议会第二大党（仅次于民族自由党）。

1871年德意志帝国建立后，俾斯麦立即向中央党及其背后的天主教会宣战。关于俾斯麦这样做的动机，有很多猜测。是因为双方的国家理念存在根本性的矛盾？俾斯麦认为政治性的天主教威胁了帝国的安全？他担心形成一个反德意志帝国的天主教国家联盟，而中央党将充当第五纵队？他试图通过发动一场宗教和文化之争，将自由派拉到他阵营，分散他们对权力问题的注意力？既然没有任何资料能对此给出明确的答案，只能假定起决定作用的是一系列动机。其中有两点应加以强调。

第一：从一开始，俾斯麦就坚决反对成立一个教派性政党，它在议会的行动将会以罗马教廷的利益为出发点和归宿。中央党在进入帝国议会后的头两次行动也充分证实了俾斯麦的担忧。在皇帝威廉一世致完开幕辞后的辩论中，中央党要求帝国议会介入"罗马问题"。明白地说，就是支持恢复教皇的世俗统治，反对意大利王国。在讨论宪法时，中央党甚至要求将普鲁士宪法中的基本权利，即那些只与教会相关的，搬进帝国宪法里。即使同情中央党的历史学家都认为这些提议是重大失误。这些动议充分表明，教会的利益在多大程度上决定了中央党的态度。对于德意志"文化斗争"的爆发，中央党也负有责任。

第二：俾斯麦最关心的问题之一是普鲁士的东部边境，他将波兰的民族运动视为威胁，尤其是因为在他的印象中，波兰语在东省的使用范围在不断扩大，而德语遭到削弱。他将在波兹南、西普鲁士和西里西亚部分地区的波兰教士看作推动"波兰化"的代理人，因为他们可以凭借督学的身份在小学推广波兰语。就这一点来说，俾斯麦在文化领域对政治化的天主教开战绝非偶然：1871年7月，他取缔了成立于1841年的文化部"天主教司"，因为该部门领导被指控支持教士们在普鲁士东部省的波兰化运动。多年来，俾斯麦在不同场合强调文化斗争的源头是波兰问题。对于这一说法，我们应予以认真对待。

当然，俾斯麦也不是没有对天主教的偏见，早在法兰克福时期，他就已经视"教皇至上派为我们最不可调和的、最危险的敌人"（如在巴登与教会的争执）。但首相并不像自由派一样支持这样的国家和文化理想，它"将使得与天主教会开战成为必要"（托马斯·尼佩代语）。反教会联盟的目的和动机绝非一致。俾斯麦更关心的是政治，而非意识形态。他发动这场斗争是想先发制人，以巩固帝国。因为在他看来，中央党危害了帝国的建立和制度的稳定性。消灭中央党，让教会放弃中央党是俾斯麦的最初目标。如果说自由派在这场斗争中给予了他强有力的支持，这完全符合他对自由派的策略，"但这只是一个可欲的附加结果，而不是原因"（托马斯·尼佩代语）。

1872年1月30日，俾斯麦在普鲁士议会发表讲话，称他无法以别的方式来看待中央党的成立,除了"从政党动员反对国家的角度",这被视为"文化斗争"的实际序幕。很快在帝国议会里,他说了非常有名的一句话:"我们不会去卡诺莎①,身体不去,精神也不去。"在他看来,政府这么做是"为濒危的国家进行自卫",就像他1873年在上议院说的。

一方面是政府和议会多数采取的法律措施,另一方面是中央党、主教、罗马教廷和天主教教众的抵抗,冲突从1872年开始升级,煽动起越来越多的激情,逐步获得自身的动力。斗争在两个层面展开:在帝国以及在邦国,特别是在普鲁士。1871年年底,帝国议会通过"布道条例",反对滥用布道坛宣讲政治。1872年6月,又通过《耶稣会法》。1875年2月,通过了强制性民事婚姻法(该法1874年已在普鲁士实施)。然而从1872年起,这场斗争的主战场从帝国转移到了普鲁士,由文化部长阿达尔贝特·法尔克,一位自由派枢密院官员,负责各项法律的起草和实施。1872年3月,邦议会和上议院通过了《学校监督法》,由邦对学校进行监督("各地方和地区学校的督学由邦直接任命")。1873年通过《五月法》,强化了邦对教会的监督,限制了教会对教士和信徒的惩戒权;离开教会变得更容易。1874年7月,一位天主教会人士企图刺杀俾斯麦(俾斯麦并没有受伤),让文化斗争进一步升温。在教皇庇护九世以

---

① 意大利北部的一个市镇,以卡诺莎古堡著称。1077年,神圣罗马帝国皇帝亨利四世曾赤脚在雪地中站立三天,为恳求教皇格列高利七世饶恕,史称"卡诺莎之行"。

通谕宣布《五月法》无效，并威胁要对所有参与执行者实行绝罚（1875年2月5日）后，普鲁士于1875年5月掀起了一股新的以立法来反抗的浪潮（《面包篮法》，修道院法）。文化斗争在这时到达顶点：许多主教和教士被免职，甚至被处以罚金或监禁；普鲁士所有的主教席位和约四分之一的教士席位都被暂时空出。但值得注意的是，中央党的地位没有受到法律上的挑战，他们依然能够参与选举，还取得了可喜的成绩。

如何摆脱这种完全陷入僵持的局面？1875年后，俾斯麦必定越来越清楚地认识到，他低估了对手的抵抗力。文化部长法尔克通过立法运动来反对天主教的做法——这在一定程度上超出了俾斯麦的预想——将无法取得明显的胜利。相比许多自由派人士，俾斯麦更容易有改弦易辙的想法，因为他发动这场斗争本就是出于政治目的，而非将之作为一场意识形态的战争来领导。他大胆地抓住了圣彼得宝座上发生改变的机会：1878年2月，教皇庇护九世去世，他已成为对俾斯麦毫不让步的象征；而他的继任者利奥十三世则急于寻求妥协，尤其是因为罗马教廷现在与几乎所有欧洲大国都有冲突。1879年5月3日，俾斯麦与中央党党首路德维希·温德霍斯特一改过去数年的唇枪舌剑，举行了长时间的私人会谈。几周后，文化部长法尔克辞职，在一次议会的啤酒晚宴上，宰相宣布："文化斗争结束。我们不再继续，我们将把武器放在一边，把酒言欢。"

俾斯麦之所以决定结束文化斗争，也和1878/1879年国内政治的全面调整有关（稍后将详细讨论）：获得中央党在议会对新的经济和财政政策的支持，成为俾斯麦的兴趣之所在。1880年代，政府通过连续颁布几项"缓和性法律"代替之前的争斗性法律，以解决文化斗争。在1872年断交之后，1882年德国与梵蒂冈恢复关系。俾斯麦成为第一位从教皇那里获得基督骑士团宝石的新教徒。

怎么评价文化斗争的结果呢？中央党和教会赢得了"保卫战的胜利"，但他们并没有恢复到1871年以前的状况。学校监督法、布道条例、耶稣会法、强制性的民事婚姻法以及退出教会的简化条例依然有效。就这方面来说，国家也取得了胜利。不过，委婉一点来说，文化斗争一般并不被认为是俾斯麦政治生涯里的亮点。对他在斗争中的行为和方法的批评，不管以前还是现在都是合理的。但在斗争的解决上，宰相再次展示了他高超的外交手腕。

1878/1879年，随着政治上以及议会里的力量平衡发生巨大变化，德国国内事态加剧：民族自由党不再是俾斯麦在议会中的最有力支持者，同中央党的合作使保守派重获对政府政策的影响力，社会民主党人则受到了特别法的限制。

俾斯麦是否有意带来政治格局的这种变化，甚至一门心思要为帝国奠定第二个"内在"基础？这个解释一度很流行，但现在只是偶尔出现。基于资料来源的方法会指明，从1875年后到1878/1879年决定的事件进程，并非如拥护系统地建设德意志帝国第二基础的人们所认为的，是为了实现一个确定的计划；这个进程对其他发展的开放程度，比从终点看到的要大。

新方针的出发点是俾斯麦在贸易和关税政策上的改变。在股市崩溃、经济危机爆发后，帝国实施的自由贸易政策受到了猛烈批评。保护性关税的支持者迄今并没有决定性的影响力，这时却占据了上风，公众情绪发生了改变；甚至俾斯麦的财政顾问布莱希罗德也在1875年11月恳请首相改变贸易政策，"如果不想让德国的工业完全灭亡"。因此，俾斯麦有理由担心德国的经济。他决定将迄今一直交由鲁道夫·冯·德尔布吕克负责的贸易和税收政策收回到自己手里。他坚信保护性关税可以极大地改善人们的经济状况，不管他们是工业企业家还是工人，是大地主还是中小农民。他打算增加帝国的海关收入和间接税，来接近他的主要内政目标之一，即财政改革，也即让帝国实现财政独立，摆脱对各邦的补贴的依赖。因此，在经济财政政策新路线的背后，有着复杂的、完全务实的而非只是权力算计的考虑。

1876年4月，自由派在政府的代表人物德尔布吕克辞职，为这一进程提供了动力。一直主张自由贸易立场的民族自由党会参与向保护性关税政策的过渡吗？

俾斯麦在这条道路上是多么犹豫不决，可以用以下事实来表明：1877年年底，他试图争取民族自由党领袖鲁道夫·冯·本尼希森进入普鲁士内阁。但俾斯麦的努力没有成功，因为本尼希森作为民族自由党的右翼代表，坚持要求除了他之外，必须有两位民族自由党的左翼议员出任部长。俾斯麦不想让步，可能也是做不到，因为国王几乎不会同意。

在关税问题解决前，另一争议话题占据了国内政治的舞台。1878年初夏，皇帝威廉一世遭遇了两次刺杀：第一次在5月11日，他侥幸逃脱；第二次在6月2日，这次他受伤严重。俾斯麦一直认为社会民主党的活动危害了国家和社会秩序，于是立刻决定借此机会实施打击。他未经深入调查就将第一次失败的暗杀归咎于社会主义者，并向帝国议会提交了一份匆忙起草的特别法，但被议会以多数否决。民族自由党人也在反对之列。这是5月24日的事情。几天之后，发生了第二次刺杀。这次八十一岁的皇帝被霰弹射中了面部、脖子、肩膀和手臂。因为伤势严重，人们对老皇帝能否康复持怀疑态度，皇储不得不暂时代理。俾斯麦一点没犹豫，他立刻解散帝国议会（在柏林大会召开前两天！），为了在情绪激动的选举活动中，给各个党派特别是民族自由党施压，进而获得通过反对社会民主党的特别法（以及计划提出的保护性关税）所需的议会多数。他成功了。

1878年10月，帝国议会以221票赞成、149票反对通过了《反社会民主主义危害公共安全法》。保守党以及大多数民族自由党投了支持票。除少数社民党议员外，投了反对票的还有中央党和民族进步党的自由左翼。这项法律（先实行了三年，然后又延期了三次）以监禁和罚款为威胁，禁止"带社会民主主义倾向"的结社、集会以及新闻读物，还授权当局将"有理由认为对公共安全构成威胁"的人员驱逐出相关地区。该法中橡胶般的条款提供了作出不同解释及进行相应实践的空间。社会民主党唯一的合法活动是参加帝国议会和各邦的选举。

在特别法通过后,又爆发了关于财政和税收改革的斗争,这场斗争在议会内外持续了数月之久。1879年7月12日,帝国议会以超过一百票的多数通过了一项法律,对工业产品和农产品的进口施加不同程度的关税。除了保守党和中央党,此时正走向分裂的民族自由党(1880年该党左翼组成"脱离派")也有部分议员投票支持。为了获得议会的多数支持,俾斯麦不得不对政府法案进行削减,并吞下一些苦果;中央党迫使他接受了所谓的"弗兰肯施泰因附加条款",这样政府每年必须将超过一亿三千万的关税收入转给各邦。

虽然俾斯麦没有实现他想要的一切,特别是在财政改革方面,但德意志从自由贸易到保护性关税政策的过渡已是板上钉钉。而代价是俾斯麦无法再指望在帝国议会获得相当牢靠的多数。这一点在1881年帝国议会选举中变得明显,当时反对党获得大胜,首相现在得面对反对党占多数的局面。在总共397个议席中,中央党、进步党和"脱离派"获得了206席。韦尔夫、波兰、阿尔萨斯-洛林和社民党组成的反对派获得了50多席。1884年帝国议会再次选举,但形势并没有发生多大改变,反对派依然占据多数。当然,这个多数人心不齐,因此首相能够从中进行挑拨,也可以观望,但他的处境肯定也不好。

帝国议会的这种僵局经常激得俾斯麦对政党和议会主

义大加攻伐，宣称他将与"议会的喜剧"、"派系主义的沼泽"以及"议会统治的幻梦"战斗到最后一口气。为了减轻党派的影响，并弱化帝国议会的权力，俾斯麦从1880年代初开始就致力于成立伪代表性机构。1881年成立的普鲁士国民经济委员会，是为成立帝国经济委员会所作的准备，俾斯麦希望借助后者来对抗帝国议会。普鲁士国民经济委员会在召开过几次会议后，就无声无息地结束了它的存在。政府的这次举措没能达到预期目的，议会和党派依旧维持着他们的地位。

由于议会多数的不稳定，俾斯麦在1880年代最为重要的内政计划——社会立法，其进程便像一场漫长又艰难的障碍赛跑。随着第一个全国性的覆盖了疾病、意外、伤残和养老方面的强制社会保险制度的建立，德国成了"全世界在现代社会保险制度方面的先驱"（格哈德·A. 里特尔语）。将社会立法视为俾斯麦在内政方面取得的最重要的成就并非没有理由。他在责任上的主动性是公认的。1880年9月，他亲自接管负责社会政策的普鲁士商业部。1881年11月，他代替生病的皇帝为新一届帝国议会开幕，借宣读"最高消息"，宣布引入社会保障法。这种主动性被看作针对社会民主党的双重策略的一部分：一方面通过特别法进行镇压，另一方面通过社会保障制度缓和矛盾。直白地说，就是皮鞭加父爱主义。这样的策略并不全错，但也不全对。当然，它也是想通过保护工人免于基本的生命危险，来赢取他们对君主国家的支持。但新近的研究表明，在反社会主义法同社会保障政策之间，没有直接联系。社会保障政策自有其根源和影响。俾斯麦虽然反对全面的工人保护立法（他反对周日不上班），但他看到了工业资本主义对社会的破坏，认识到有必要通过国家手段去改善工人的社会和经济状况。

1881年俾斯麦的兴趣集中在意外保险上，因为当时对工伤事故赔偿的处理不能让人满意（举证责任由受伤的工人承担，这导致了大量的诉讼）。法律出台的过程非常艰难，就不在这里赘述。经过多次激烈争论，1884年6月保守党、中央党和民族自由党终于通过意外伤害保险法的第三稿。十二个社会民主党议员以及德国自由思想党（由进步党和脱离派组成的联盟）投了反对票。左翼自由主义的"自由思想党"拒绝一切社会立法，它在其中看到了国家父爱主义的成分。路德维希·班贝格作为私人保险制度的支持者，则认为这是一种"社会主义怪癖"。在通过《意外保险法》之前，帝国议会已经通过了关于强制性医疗保险的法律。俾斯麦并没有过多参与其中，因为他在法律的准备阶段病倒了。1887年以来，帝国议会和各委员会对养老保险和伤残保险法案进行了长时间审议。1889年5月18日，俾斯麦在帝国议会做的［最后一次］演讲，对于推动上述法案最终以勉强多数通过起了决定性的作用。为了这三个社会保险计划的通过，俾斯麦不得不作出巨大让步，因为帝国议会的多数反对首相以税收来资助这些计划；只有在养老保险和伤残保险方面，他才得以让国家进行适度补助。

俾斯麦起码的斗争目标是排除私人保险，坚持保险的强制性和社会保险的公法性质。

如果要对俾斯麦的国内政策作一个总体评价，我们必然会得出奥托·普夫兰策的观点，即宰相尽管取得了一些成绩，但并没有完成他给自己和德国定下的目标。他尤为心系的财政改革并没有推行。中央党挺过了文化斗争，社会民主党也在《反社会主义法》颁布后继续存在。他既没能成功限制帝国议会的权力，也没有在议会中获得稳定多数的支持。虽然他能够依赖1879年建立的大工业和农业之间的联系解决关税问题，但他在其他方面却不能依靠它。因此，对他的总体评价是矛盾的。

如果说俾斯麦的内政计划取决于帝国议会多数派的合作意愿，那么在外交政策方面，他则可以不受议会的明显影响，努力沿着他认为正确的路线前行。1880年至1885年，并没有重大的外交问题需要解决。他要做的是建立和扩大一个同盟体系，主要是为了防止战争爆发，其次是确保即便战争爆发，德国也不会孤立无援。

首先，俾斯麦在1881年6月——尽管奥地利一直反对——恢复了三皇同盟。这个严格保密的条约，在1884年又延长了三年，使得他可以在一定程度上控制奥俄在巴尔干半岛的争斗。

进一步的动作是在1882年5月，意大利的加入使两国同盟扩大成了三国同盟；意大利这么做是因为1881年法国吞并突尼斯，使其觉得自己被愚弄和孤立。一年后，罗马尼亚加入同盟；西班牙和土耳其也与这个体系建立了松散的隶属关系。此时的俾斯麦在国际上的威望达到顶点。1880年英国大使在柏林说道："无论在圣彼得堡还是在巴黎、罗马，他的话就像福音一样。他的声音令人尊敬，他的沉默引人担忧。"两年后，俾斯麦对他的家庭医生说，对外政策不会影响他的睡眠。法国和英国都要征求德国的建议，奥地利不向德国请示不会做任何事，意大利简直是在向德国献殷勤。现在连俄国也要来找德国商量。1885年1月10日，当中央党领袖温德霍斯特在帝国议会悲叹德国四周都是敌人，俾斯麦反驳道（可能比他想象的还要坚定）："在欧洲我们被朋友环绕。"

德国在外交上享有行动上的相对自由的那些年，俾斯麦短暂地涉足过殖民政策领域。1884年至1885年间，他将非洲西南部、多哥、喀麦隆、非洲东部、几内亚和几个太平洋岛屿置于德国的保护之下，此前商人和殖民者已在那里升起德国国旗。对于是什么促使宰相投身殖民事业，有很多困惑（更多的是来自历史学家，而非当时的人们）。在各种企图作出的解释中，国内政治动机的假设一度占据突出地位，也即以社会帝国主义来操纵舆论确保自己的权力。但这种解释已失去吸引力，就如同另一种猜测——德国获取殖民地是英国不愿看到的，而德国的皇位即将更迭，这么做是针对亲英派的皇储夫妇——一样显得牵强附会。俾斯麦一再给出的理由则清晰又简单。1885年1月10日，他在帝国议会谈到殖民地问题时补充道："在其建立之后，我更愿意称之为：对我们的海外定居点的保护，因为它们是随着贸易而出现的。"又有一次，他说："我们根本不会模仿其他国家，我们只保护我们的商人。这就是我们的原则。"俾斯麦一开始是想用非官方的方式治理这些"保护领"。这很快被证明不现实。保护领变成了真正的殖民地。

当然，对于俾斯麦的行为，我们总是应该假定其中结合了多个动机。不过有两方面的考虑对他来说是决定性的：一方面，已然成为强权的德意志帝国没有理由在争取地球上最后的"自由地"的竞赛中置身事外，况且是在外部形势要求必须采取行动的情况下；另一方面，帝国的对外关系正处于相对安静和稳定的阶段，获取保护领没有太大风险。后面这一点是必不可少的先决条件，尤其在俾斯麦看来。这可以从以下事实得到证明：1885年后，随着欧洲形势发生根本改变，德国在东方和西方的外交政策上都面临危机，俾斯麦突然结束了他的"殖民政治间奏曲"。

1885年3月底，法国的茹费理内阁垮台。俾斯麦和茹费理曾在殖民利益领域开展合作，因此德法关系在一段时间内有所缓和。但茹费理的继任者抛开了他的路线。1886年1月起，时任法国战争部长布朗热将军挑起大众对德复仇和宣战的情绪（"战争不可避免，军队已准备就绪"）。在煽动激进的民族主义情绪之余，法国努力寻求和俄国结盟，因为法国政府非常清楚，只有这样才可能与德国开战。随着布朗热将军于1887年5月下台，复仇主义运动渐渐平息，但德国面临的威胁并没有消除。此时在东方，一个危险的火药桶正在形成。1886年至1887年间，出现了"双重危机"的苗头。

在巴尔干半岛，俄国和奥地利的对抗日益激烈，这对俾斯麦来说是严峻的考验，因为双方都希望能得到德国的支持。这场危机始于1885年9月的东鲁米利亚起义。起义者在保加利亚南部——依1878年条约，依然为土耳其所有——取胜，赶跑了土耳其官员，并宣布东鲁米利亚和保加利亚公国实行统一。保加利亚摄政王亚历山大·冯·巴滕贝格立刻接管了东鲁米利亚的统治。他是沙皇的侄孙，同英国王室也是姻亲，在俄国的推动下，于1879年被选为保加利亚王。但他很快就和沙皇闹翻，后者因此非常仇视他，并且反对东鲁米利亚和保加利亚的统一，但并没有成功。虽然巴滕贝格被迫退位，俄国政府和公众却认为这场危机，无论从过程还是结果来看，都是俄国的一次重大失败；而德国难辞其咎，因为它并没有支持俄国。从一开始，俾斯麦就致力于通过划定势力范围来调解和平衡双方。他批评哈布斯堡的干预政策，不赞成推选亲奥地利的萨克森-科堡王子为新的保加利亚王（1887年7月）。但他也警告俄国政府不要武力攻占保加利亚。他的目标是阻止奥地利和俄国公开爆发冲突。在这点上，他最终获得了成功。但他无力阻止奥俄断交。沙皇宣布终止三皇同盟。

倘若三皇同盟不可能延续，俾斯麦也绝不想切断和圣彼得堡的联系。因此1887年6月，他和俄国秘密签订了《再保险条约》。该条约规定，如果法国无端攻击德国，俄国应保持善意的中立，而如果哈布斯堡无端攻击俄国，德国也应如此。对于这个秘密条约是否和帝国缔结的其他联盟相一致，存在很多争论。俾斯麦只赋予该条约以相对价值，倒没有任何顾虑。因为在国际法层面，该条约和其他条约并没有冲突，它的目的在他看来，是为了避免战争、维护和平，也即防止战争性冲突的发生，进而避免结盟的必要。对他来说，两国同盟和《再保险条约》的共存是对"和平行为的奖励"；只有被攻击的一方可以指望得到德国的善意。

1886年年底，新的军事法案被列入帝国议会议程。政府再次要求七年期的军队预算以及额外的费用，以增强维护和平的力量。俾斯麦一定很清楚这项法案会被议会否决；他明显是在找借口解散不顺从的议会，并以帝国面临威胁为由，开展一场情绪化的选举运动。而这也就是实际上发生的。在拒绝了政府的军费预算提案后，1887年1月14日帝国议会被解散。在2月新选举的议会中，保守党和民族自由党如俾斯麦多年所愿组成政党联盟，获得397席中的220席，成为绝对多数。3月，政党联盟批准了预算法案。

1887年奥地利和俄国的对峙仍在持续；事实上，它已经达到顶点，战争一触即发，因为不仅奥地利的总参谋部要求与沙俄进行预防性的军事对抗，在德国的军官、外交官和几乎所有政治团体的发言人中，预防性战争的观念也越来越深入人心。俾斯麦的同僚霍尔斯泰因在1888年年初说道："所有人都叫嚣着要开战，只有宰相殿下是例外，他竭力维护和平。"俾斯麦确实在想尽办法避免预防性战争。对他来说，最危险的对手是德意志帝国的总参谋长瓦德西伯爵。伯爵已赢得毛奇对其预防性战争思想的支持，并推动同奥地利总参谋部的谈判，还试图在德国驻外武官的帮助下，推行辅助性的外交政策。对此俾斯麦坚决反对。从1887年5月开始，俾斯麦就一直致力于争取奥地利同意公开两国同盟条约以正视听：只有在俄国无端攻击奥地利的情况下，德国才会向奥地利提供军事援助。12月，俾斯麦将秘密的《再保险条约》的内容告知毛奇，成功让毛奇在同奥地利军事协商时持保留立场。1887年与1888年之交，危机最危险的阶段结束。1888年2月3日，两国同盟条约的文本被公布。三天后，俾斯麦在帝国议会作了一次影响深远的演讲。他要大家相信德国的军事优势，反对发动先发制人的战争。这次演讲也因其引人注目的结束语而令人记忆深刻："除了上帝，我们德国人在世上别无所惧。"但俾斯麦还补充了过去和现在都不常引用的一句："而对上帝的敬畏让我们热爱和平、守护和平。"

几周后，差不多九十一岁的皇帝去世。3月9日，俾斯麦在帝国议会通报这一消息时，悲伤到无法抑泪。大多数德国人和他一起哀悼这位已成为国家象征的"老皇帝"。腓特烈·威廉在苦苦等待多年后，现在终于登基，自称腓特烈三世皇帝。但此时他得了无法治愈的喉癌，已是濒死之人。听闻父亲去世的消息后，他从里维埃拉返回柏林，在皇后的陪伴下，在夏洛滕堡宫度过了生命最后的几周。虽然俾斯麦过去有时可能担心皇位的更迭会造成他的权力被迫移交给一个带有明显自由主义色彩的德国"格莱斯顿①内阁"（这正是左翼自由主义者希望的），但在三皇之年1888年，无人再谈及此事。首相毫无疑问继续执政。发生的一些变动更多是象征性的。自由派非常厌恶的内政大臣罗伯特·冯·普特卡默被解职，一些左翼自由分子获得奖章。在位九十九天（基本上是在等待最终之日的到来）后，腓特烈三世于6月15日咽下最后一口气，他的长子、二十九岁的威廉王子成为普鲁士国王和德意志皇帝。对于预料中的皇位更迭，俾斯麦带着一些不安。1887年底，俾斯麦在确定腓特烈·威廉的病无法治愈后，对朋友说，皇储的离去将是一个"很大的不幸"，威廉王子"生性急躁，不会保持沉默，容易被人蛊惑，可能在不自觉也不情愿的情况下，将德国带入战争的深渊"。腓特烈三世逝世几个小时后，俾斯麦去觐见年轻的皇帝，立刻注意到风向变了。这次会见唯一的目击者对眼前这一幕难以忘怀：威廉充满威仪地站在那里，头向后仰，把手递给七十三岁的老人行吻手礼，"他的手放得如此低，以至于俾斯麦必须深深地弯下腰，嘴唇才能触及"。

几乎没有哪个君主像威廉二世这样，有这么多关于他的资料。他身负沉重的责任，左手出生就有残疾，对他的教育也犯了严重的错误。年轻的皇帝最想做的一件事是自

---

① 威廉·格莱斯顿（1809—1898），英国自由党领袖，曾四次出任首相。

己统治这个国家，摆脱那个"老人"。而宰相已经习惯自己去驾驶国家这艘大船，两人之间的冲突也就不可避免。唯一的问题是：冲突会多快，以什么原因、何种形式发生。

在皇帝与宰相之间一触即发的冲突中，俾斯麦当然并非总能巧妙处理。例如，1889年5月底到1890年1月底这八个月，他只在柏林待了两次，每次只有几天时间，让时任国务秘书的儿子赫伯特同皇帝进行接洽。这样做并不明智。也许他是为了减少摩擦，不想让自信的年轻皇帝觉得自己被"老人"罩着，但他的长期缺席，却使他付出了不必要的代价，让他的对头有机会在威廉二世的耳边吹风。

1889年起，两人最主要的矛盾集中在对现在的俾斯麦来说十分看重的工人问题以及关于社会民主党的斗争上。虽然反社会主义特别法在1890年秋天才到期，但宰相在1889年10月底就向帝国议会提出了新的法案，其唯一的区别是，没有时效限制。就这一政府法案展开的争论，不仅成为俾斯麦和各党，也成为他和新皇帝之间的一次实力考验。法案原定于1890年1月25日进行最后表决，但就在前一天，皇帝在没有事先取得俾斯麦同意的情况下召开枢密院会议，试图削弱法案（放弃对社会民主党的驱逐），以获得法案通过所需的多数。宰相严词拒绝任何让步，同皇帝激烈交锋。这是前所未有的。正如一位与会者指出的，他们"能感觉得到今上和宰相的关系已经破裂且不可修复"。

第二天，帝国议会以169票赞成、98票反对，否决了这个俾斯麦不准备削弱的法案。立法期于同日结束。2月底，新的帝国议会选举（2月20日进行第一轮投票，2月28日进行第二轮）以政党联盟和俾斯麦的惨败告终。社会民主党以一百四十万票（总票数的19.7%）首次成为德国得票率最高的政党，议席数增加了两倍（从以前的11席增加到35席）。保守党和民族自由党失去先前占多数的局面。反对派在新的帝国议会里占明显多数。

1月24日的枢密院会议，皇帝和宰相开始摊牌，最终俾斯麦在3月18日提交辞呈。这场接近两个月的角斗已得到详细的研究，这里不便展开。双方都采取了非常手段。皇帝派警察监视宰相官邸的人际往来；俾斯麦则到法国大使馆寻求帮助，以破坏皇帝在柏林召开国际会议讨论工人问题的计划。在1月24日枢密院会议几天后，俾斯麦的儿子比尔曾一语中的地指出："我父亲不像过去那样抡锤。"确实，俾斯麦在这几周的举动给人摇摆不定的感觉，有一些混乱。可以部分归因于这一事实，即他发现自己处于进退两难的境地：他一生的工作有相当部分是在确保、巩固和提高普鲁士君主的地位，而现在他和所有人一样，发现自己正和自己的君主处于严重对立之中！如果只是观点不同还好说，双方还可以通过妥协来解决。但这是一场激烈的权力之争。宰相必然已经认识到自己无法取胜。对个人的位置和权力关系的现实主义评估一直是俾斯麦从政艺术的标志——现在它去哪儿了？人们不禁要问，如果宰相早在1889年便体面地引退，而不是死抓着权力不放，是否要来得更好，当时局势的失控已经明显，引退的话还可以得到儿子的保护，赫伯特依然对外交政策有决定性的影响力。

现在该怎么办，能怎么办？俾斯麦有在策划一场政变吗？这已成为研究中争论得很激烈的话题，与此有关的是宰相3月2日在普鲁士部长会议上的讲话。在结果对俾斯麦不利的帝国议会选举几天后，他提出这样的想法：如果帝国议会解散而新的选举结果仍不尽如人意，诸侯可以退出联邦条约，在新的基础上建立帝国。这一定只是个心理游戏，从一个简单事实就可以看出：只有皇帝有权力解散议会。想摆脱俾斯麦的威廉二世会为了保住俾斯麦的权力地位，再次解散议会吗？这种想法与下面这一假设同样荒谬，即诸侯会允许自己被一位地位已严重动摇的宰相利用。更不要提军队领袖的态度：作为现任总参谋长，瓦德西伯爵多年来一直致力于扳倒俾斯麦。1月底，皇帝就已经通知卡普里维将军，他被选为俾斯麦的接班人。当将军作出非常吃惊的反应，威廉二世严词厉色道：作为军人，他必须服从（1891年3月19日，卡普里维如此告诉施皮岑贝格男爵夫人）。

3月12日，俾斯麦和中央党领袖温德霍斯特碰面，打听新选出的帝国议会的局势；没有讨论出具体的结果。这次碰面给温德霍斯特留下这样的印象："我刚从一个伟人的政治临终床边离开。"他对局势的把握是准确的。俾斯麦现在在政治上的孤立已显而易见，对他的围剿正全面展开。

冲突在3月15日到达最后的高潮。这天一大早皇帝没有事先通知就出现在外交部，责备俾斯麦同温德霍斯特会面，以及和俄国关系过于密切，因为威廉坚信俄国和奥地利即将开战。除了所有其他的争论点，现在两人在外交政策方面也存在严重分歧。围绕在年轻皇帝身边的智囊团，从总参谋长瓦德西伯爵、皇帝的朋友奥伊伦堡伯爵、枢密顾问官霍尔斯泰因到皇帝的叔叔巴登的腓特烈大公，所有人都是俾斯麦和俄国的死敌，都不惜一切代价阻止俄国方面要求的，延长1890年6月到期的《再保险条约》（在俾斯麦倒台后，他们成功做到了——这是一个灾难性的外交政策决定！）。

3月15日的激烈一幕发生后，俾斯麦和皇帝的关系彻底破裂。3月17日，军事内阁首领向宰相转达威廉二世的要求，让他立刻提交辞呈，并在下午入宫告别。俾斯麦请求给他写辞职信的时间，在第二天作了口授。3月18日，皇帝对奉命入宫的将军们通报了他与宰相的不和：他不能用他，因为他"不想遵从指令，所以他必须离开！"3月18日晚，俾斯麦递交了辞职信。在信中，他措辞巧妙地将不和的所有责任都推给了皇帝，因此皇帝拒绝公开此信。3月20日，皇帝批准了俾斯麦的辞职，同时任命卡普里维将军为帝国宰相和普鲁士首相。一个时期结束了。

即便是一个回溯性的观察者，也不得不承认：现实中找不到一条能让俾斯麦任职更久的路。宰相的执政时间已走完。但是，这位帝国缔造者本应以更有尊严的方式离开权力。

第六章

告别权力之后
（1890—1898）

俾斯麦辞职的消息引发了不同的反响。在国外，包括法国在内，各方都对这位离职之人表达了敬意，对由此而带来的结果表示担忧。相反在德国国内，这一消息并没有给人留下深刻印象。报纸并没有出号外，股市也没有波动，也没有人群。在帝国议会，议长用一句干巴巴的话通报了这件事；在普鲁士议会，则是一阵冰冷的沉默。冯塔内的话似乎非常准确地描述了大众的心情："摆脱他是件好事。"就像曼弗雷德·汉克所说："与俾斯麦分离很容易，太容易了，俨然人们早就对他产生了厌恶。"有两个因素造成了这种情况。一个是皇帝和宫廷的策略，他们让宰相的辞职显得是出于健康原因的自愿请辞，这个策略在一开始是成功的。另一个是不被允许公布"辞职信"的俾斯麦，在3月20日之后的日子里，在表面上冷静沉着地遵循了礼仪：向皇帝以及他的母亲辞行，同大臣和国务秘书进行告别晚宴。只有面对很少的几个人，他才坦露心迹。3月23日，他给符腾堡首相写信说，他不是"辞职"，而是被解职的，"没有任何明显理由",也违背他的意志。他对巴伐利亚驻柏林大使莱兴费尔德伯爵保证：他根本就不想辞职，而是被皇帝"赶走"的："陛下对侯爵的信任已耗尽，视他为帝国的铁定破坏者"。

3月29日俾斯麦和妻子离开柏林。在人们巨大的欢呼声中，车队从宰相官邸出发，前往火车站。在那里，一个骑兵中队向他致以军礼，帝国宰相卡普里维及所有大臣、外交使团和宫廷成员都到场为他送行。当火车朝弗里德里希斯鲁方向缓慢移动，众人唱起德国国歌和《守卫莱茵》。几天后，赫伯特也抵达那里。他在3月23日递交辞呈，皇帝试图挽留，为在公众面前制造他和俾斯麦没有矛盾的假象。但赫伯特坚决辞职，并在3月26日得到批准。4月10日，赫伯特离开柏林。

除去为数不多的几次旅行，俾斯麦生命中的最后八年是在弗里德里希斯鲁度过的——"就像一个被废黜的君主，成天抱怨"（马克西米利安·哈登语）。在俾斯麦家里，要使用这样的表述：他受到了国王的"驱赶"，被"扔下楼梯"，"像仆人一样被撵走"。这个下台者不想沦为"政治元老"的角色，对于自己的解职不能释怀。但七十五岁的他并没有从政治中脱身。他现在能怎么办呢？在解职的最初几月，他接受了很多家报纸，包括外国记者的采访，引起了很大反响。很快，他得到了一个影响公众舆论的更加合适的方式：《汉堡新闻报》的老板主动提出在他的报纸给前宰相开辟一个专栏。俾斯麦愉快地接受了这个提议，因为这样他就有机会对政府的政策提出批评,而不用承担责任。《汉堡新闻报》政治版的编辑赫尔曼·霍夫曼定期出现在弗里德里希斯鲁接受指示,有时俾斯麦甚至会亲自撰文,但不署名。在这些年里,上千份俾斯麦关于各种主题的声明,便这么隐蔽地传到了公众手中。

还有其他影响公众舆论的方式吗?1891年3月,俾斯麦接受北汉诺威民族自由党选举委员会的候选人提名,参加帝国议会的补选。前宰相在第二轮投票中当选;投票率很低,他得到10544票,他的社会民主党对手得到5486票。在一个之前由民族自由党主导的选区,这样的胜利明显但谈不上辉煌。俾斯麦接受了任命,这让柏林政界惊惧交加。但他并没有履职。他从未出现在帝国议会。他清楚地知道,如果他出现在那里,只会引起大家的尴尬。报纸的影响力则可以带来更惬意的成功。

除了在报纸上评论"新时代"的政治事件,俾斯麦在解职后还致力于一项针对后人的项目:他要把回忆录变成某种像政治遗嘱一样的东西。1890年7月6日,他和科塔出版社的阿尔弗雷德·克伦纳签订出版合同。每卷报酬高达十万马克,但科塔出版社获得了可以不受限制地以各种语言和版本出版的权利,因而这笔生意拥有光明的前景。俾斯麦将他擅长速记的可靠的老朋友洛塔尔·布赫尔接到弗里德里希斯鲁。他向他口述——跳跃性地,没有系统的背景——个人和政治生活中的某个情节,难以忘记的人物形象,对政治的性质和他的政治活动的生动反思。布赫尔将口述进行整理，对个别说法进行核实，有时对俾斯麦的工作方式和倦怠很不满意。布赫尔想完成一部全面的史著，这位下台的宰相关心的却是自己的形象以及对威廉二世不留情面的清算。1892年5月，回忆录的第一稿完成。身患重病的布赫尔离开了弗里德里希斯鲁，再也没有能够回来。同年10月，布赫尔在日内瓦湖畔孤独地去世。之后回忆录就没有增加新的章节，只是在原来的手稿基础上反复增改。

面对克伦纳希望早日出版的催促，俾斯麦态度强硬地表示：在他的有生之年，不允许出版。因此，1898年11月，在俾斯麦去世几个月后，两卷本的回忆录《思考与回忆》才面世（第三卷因为中心人物是威廉二世，所以保留到1921年才出版）。《思考与回忆》成为德国出版史上最大的成功之一。尽管价格并不便宜，但在上市几天后，三十万册便销售一空，之后一版再版，外文译本一个接一个。《思考与回忆》作为史料并非处处可靠，但因语言的力量、思想的深邃和观察的敏锐而引人入胜。

现在让我们回到1890年代初期。皇帝和宫廷能够接受下台的宰相对"新时代"政策和政治家们的批评，是因为这些批评并不针对皇帝本人。俾斯麦在这一点上还是掌握了分寸，因此可以暂时避免公开冲突。但双方的这点最起码的表面的礼貌在1892年夏天突然荡然无存。起因是俾斯麦的儿子赫伯特和年轻的匈牙利女伯爵霍约斯的婚礼。当得知俾斯麦将前往维也纳参加定于6月举行的婚礼，并将礼节性地拜访奥地利皇帝弗朗茨·约瑟夫时，柏林一片恐慌，特别是霍尔斯泰因，他非常害怕俾斯麦重新掌权，然后进行报复。他说服帝国宰相卡普里维，并通过奥伊伦堡伯爵说服皇帝进行有力干涉。卡普里维禁止德国驻维也纳大使出席婚礼，威廉二世也写信给弗朗茨·约瑟夫皇帝，劝说他不要接见这位"不听话的臣子"。卡普里维的政令很快就被公开（俾斯麦将其称为乌利亚①之信）——一桩完美的丑闻。

俾斯麦1892年6月的维也纳之行不亚于一场凯旋游行。在沿途所有车站，民众都热情地涌向他，向他表示支持和同情。在基辛根也是如此，俾斯麦去维也纳前，在那里逗留了几周进行温泉治疗。回程时，他去了耶拿，在那里举行了两场引起轰动的公开演说，主张加强帝国议会的作用。从这次出游可以看出，解职的时间越长，对新政府和皇帝的装腔作势批评越多，俾斯麦的光芒就越发耀眼。

长远来看，即便威廉二世也不能忽视这种情况。1893年8月底，俾斯麦在基辛根进行温泉治疗期间身患重病。皇帝的顾问提醒君主：如果这位在萨克森瓦尔德的老人突然去世，而之前皇帝没有同他和解的话，德国人民将绝对不会原谅皇帝。因此威廉决定让俾斯麦在德国中部的一座宫殿调养。这一提议被拒绝了。但到了1894年1月，两人"和解"了，虽然完全是出于公众影响的考虑。俾斯麦受邀前往柏林宫（受到柏林人民的热情欢迎）；三周后，威廉二

---

① 乌利亚为以色列大卫王的战士，大卫使其妻拔示巴怀孕，为防丑事传扬，将其陷害。

世来弗里德里希斯鲁回访俾斯麦。他在两次会面中都避免谈到政治，只关心会面带来的外部影响。因此，"和解"依然是表面和形式上的。威廉二世仍旧不信任这位被解职的宰相，俾斯麦也未改变对年轻皇帝的贬评。

这年秋天，俾斯麦遭受了沉重打击：1894年11月27日，在逗留瓦尔津期间，无论好时光还是坏日子都忠诚陪伴着他的妻子去世。当约翰娜在女儿玛丽的怀中沉沉睡去，俾斯麦泪流满面。他给他的妹妹写道："我只剩下了约翰娜，与她交流，每日问她有没有好一些，并感激过去的四十八年。而今天一切都没了，只剩下寂寥与空虚。"约翰娜去世后，俾斯麦再也没有离开弗里德里希斯鲁。女儿玛丽和她的孩子们一直陪伴着他。她的丈夫库诺·冯·兰曹放弃在海牙的公使职位，为岳父打理府邸。

在最终的阴影笼罩之前，他再次迎来了人生的高光时刻。1895年4月1日，俾斯麦八十岁生日的庆祝活动规模是史无前例的，尽管经中央党、自由思想党、社会民主党、韦尔夫家族、波兰一致同意，帝国议会决定不给这位年老的前宰相发生日祝福，但这位受到侮辱的寿星却被难以想象的支持和爱戴的表达大大地补偿了。老宰相收到了将近一万封电报，几千个包裹，超过四十五万封明信片和信（弗里德里希斯鲁邮局在这段时间不得不临时增加二十三名工作人员）。在三十年的内阁生涯里，他获得过四十五个荣誉市民称号，现在这数字又增加了十倍多。五十个代表团乘坐三十五辆专列来到弗里德里希斯鲁，招待会不得不分几个星期进行，一直拖到夏天。这位八十岁老人的应对熟练自如。他以或长或短的致辞欢迎了所有的代表团。他也一再讲些基本的道理。比如4月1日，他劝说来到弗里德里希斯鲁的五千多名德国大学生不要轻易破坏"我们在其他欧洲国家的炮火威胁下辛辛苦苦换来的局面"。

在1895年马拉松式的接待访客后，俾斯麦在政治领域再次引起轰动。1896年10月，不知出于何种动机，他在《汉堡新闻报》上公布了被严格保密的《再保险条约》的存在以及该条约在他辞职后未能续签的情况，在国内外引起轩然大波。威廉一开始怒不可遏，甚至想以叛国罪和对君主不敬罪，将这位前宰相羁押在施潘道要塞。从1894年10月开始担任帝国宰相的霍恩洛厄竭尽全力劝说皇帝坚持先前的策略，对弗里德里希斯鲁尽量不理会。

俾斯麦当时的光景已经很差。虽然智力依然健全，但他的身体情况迅速恶化，只能坐在轮椅上，饱受各种病痛的折磨。认命和厌世的情绪逐渐占上风。1897年10月，私人医生施韦宁格诊断出俾斯麦左腿患了坏疽。他用尽一切办法，让患处保持干燥并将其控制在踝关节以下，对外则宣称得了"足痛风"。12月，俾斯麦再次见到皇帝，后者从基尔返回柏林，在弗里德里希斯鲁短暂停留。正如后来人们讽刺地指出的，皇帝想亲眼看看俾斯麦的坏疽进展如何，以估算他什么时候去死。俾斯麦精神大振，试图将对话引入严肃的领域，但皇帝用"老套的兵营笑话"岔开了所有和政治相关的话题。在尴尬又生硬地待了一小时后，皇帝和他的随从上了车。

1891年俾斯麦的老朋友毛奇以九十岁高龄快速且安详地离世，与之不同，俾斯麦从患病、痛苦到死亡拖了很久。他在世的最后几个月简直是在殉难，痛得无法忍受。他的秘书和医生克里赞德尔博士记录了这样的话："对我来说，只剩下一个快乐的日子，那就是我不再醒来的那天。"1898年7月30日，这一天终于到来。接近午夜时分，俾斯麦咽下最后一口气。举国哀悼。

俾斯麦在遗嘱中提到，他想埋在弗里德里希斯鲁府邸对面的小山上。威廉本想将这位现在终于死去的对手安葬在柏林大教堂的豪华石棺中，同许多霍亨索伦家族的人在一起，这计划落空了。官方悼念仪式在柏林威廉皇帝纪念大教堂举行，皇室包厢里为俾斯麦一家预留的位置是空着的。府邸旁边的陵墓建成后，1899年3月16日，俾斯麦和妻子被一起安葬在墓室中。俾斯麦亲自撰写的墓志铭刻在了纯白色大理石墓碑上："冯·俾斯麦侯爵，生于1815年4月1日，卒于1898年7月30日，皇帝威廉一世忠诚的德国仆人。"在一定程度上，死去的俾斯麦是在用他最后的遗言反对威廉二世。

*

这位成功缔造了德意志帝国的人，毫无疑问是19世纪德意志最重要的政治家，但他也备受争议。不仅同代人对他的评价大相径庭，后代人对他的印象也存在明显的分歧——不同于20世纪德国的一流政治家，如康拉德·阿登纳、维利·勃兰特，同代人的严厉批评，随着时间的进程，在集体记忆中会让位于一种温和的、基于共识的判断。为什么对俾斯麦的评价至今没能达成统一？我们可以从两个方面来回答：一方面是对他的"遗产"的不同评价，另一方面是俾斯麦神话的形成，这个神话和真实的俾斯麦没有多少关联。

俾斯麦给民族留下了什么"遗产"？基本上是由俾斯麦建立的、受到绝大多数德意志人热烈欢迎的，并通过二十多年持续的和平政策立足于欧洲大国体系的小德意志民族国家，经常被认为是导致了20世纪灾难的问题产物，因为它打破了欧洲的权力平衡。这种说法和下面的观点都是错误的，即俾斯麦的帝国被证明是相当短命和不稳定的。诚然，德国的君主制在第一次世界大战后垮台，但在施特雷泽曼看来，德国在战败后依然存在，恰恰证明了俾斯麦的成就。德国分裂时期——当时德意志民族国家似乎气数已尽——写的很多东西现在都需要修正，因为1989年至1990年间所有德国人的统一思想，不正是由1871年的小德意志帝国决定的吗？这一切正是对俾斯麦在建国之初，以坚定的手腕创建和指导的国家结构的有效性的最好证明。尽管两次大战失败后领土被切割，但德意志民族国家依然存在。

要评价俾斯麦在内政方面的遗产更难。他不是，也从未声称自己是民主主义者——德国的民主制度可以理所当然地不将其作为先驱或推动者来颂扬。他的国内政治行动的目标和手段的最重要部分,都受到了严厉批评:文化斗争,实施保护性关税政策,无情地打击社会民主党。即便俾斯麦每一次都需要为此争取议会多数,但主动权和决定性的责任毫无疑问在他手中,而他对政敌严厉且往往残酷的对待,在许多德国人的心中留下了深深的烙印。历史会永远不厌其烦地回顾俾斯麦的政治斗争对德国政治文化的负面影响,尤其因为主导历史的是与俾斯麦站在最尖锐对立面的群体——左翼自由主义者、社会民主党人和天主教徒的知识分子后代。但我们也可以怀疑,一个人(无论多么强大)能否像俾斯麦经常被暗指的那样,以决定性的方式独自塑造一个时代的政治文化。这同样适用于对俾斯麦行动范围的评价:它们并不像经常假定的那样不受限制。这一点只能通过细微的原始文件分析来阐明;概括性的陈述要容易得多。此外,在批判性地评价俾斯麦的内政遗产时,不应该忽视其蕴涵的矛盾。这幅图景中还包括按计划实行的现代化措施、有效的联邦国家秩序和现代行政国家的形成,以及通过引入社会保险制度,迈出通往现代福利国家的第一步。俾斯麦建立的国内秩序没有未来这一说法可能是有问题的。正如托马斯·尼佩代指出的,1890年左右德国存在程度很高的欧洲常态;在德国发展的"特殊道路"中必须考虑到一点;到处都有"遗产"。

"俾斯麦神话":虽然人们对俾斯麦解职的反应相当克制,但在十年内,这位前宰相成了德国最受欢迎的政治家。保守党和民族自由党精英对他进行理想化,更广泛的圈子将他视为民族英雄。在他死后，对他的个人崇拜规模巨大，人和神话互相交织，以至于历史上的俾斯麦所剩无几。更为致命的是，这位精明的、以节制为尚的外交官逐渐消失在好战的、俨然穿着胸甲骑兵靴子的"铁血宰相"的形象背后，从而成为他生前已经远离的狂热民族主义的符号。无数的陆军、海军以及战争协会垄断性地将这个死人据为己有，泛德意志联盟将他选为其帝国主义目标的象征。这种神话化在1914年以前就已经是致命的，1918年后更是如此，政治右翼肆无忌惮地挪用俾斯麦以反对共和和民主，用俾斯麦神话否定魏玛共和国的合法性。俾斯麦的支持者并没有坚决反对民族主义对俾斯麦政治活动的歪曲，反而是左翼自由主义者、社会民主党人以及很大程度上的天主教徒，坚持他们传统的对俾斯麦人格和成就的批判性评价。古斯塔夫·施特雷泽曼尤其抵制这种趋势。他谈到"被误解的俾斯麦"，并明确地将俾斯麦作为其在"国家现实政治"中的榜样，这在1925年的《洛迦诺公约》和1926年的《柏林条约》中得到了最清楚的体现。但他调和俾斯麦的遗产和魏玛共和国的努力并没能引发共鸣。占据主导地位的是狭隘民族主义的俾斯麦神话。只是到二战后，反民主的俾斯麦神话才渐渐被扫除。

我们今天的情况如何？当然，俾斯麦仍然是我们关注的对象，这个无比复杂的、光影交织的人格，仍然深深吸引着他的后人。但既然那些年的斗争已不再直接打动我们，终于成为过去，是时候对俾斯麦进行一致的历史化了。必须反对出于为某个意识形态服务而将俾斯麦工具化,就像通常所做的,将俾斯麦塑造成一个万能的超人,然后又将其妖魔化,把德国近代史的所有歧途都归咎于他,而是要以不偏不倚的态度,以史料为导向,研究奥托·冯·俾斯麦的人格和功绩,将其带到人的层面。这丝毫不会影响这位帝国缔造者的重要性。

时 间 表

1815年4月1日	出生于舍恩豪森(阿尔特马克)
1816年	举家迁往克尼普霍夫庄园
1822年至1827年	就读于普拉曼学校
1827年至1830年	就读于腓特烈·威廉文理中学
1830年至1832年	就读于格劳恩修道院文理中学
1832年至1835年	在哥廷根和柏林学习法律和国家学
1836年至1838年	在柏林、亚琛和波茨坦担任候补官员
1838年	从公务员岗位退休,管理父亲在波美拉尼亚的庄园
1843年	进入塔登的圈子
1845年	继承舍恩豪森,并迁往该地
1847年	成为联合邦议会议员,与约翰娜·冯·普特卡默成婚
1848年	女儿玛丽(1848—1926)出生

1849年	儿子赫伯特（1849—1904）出生
1850年	担任埃尔福特联盟议会议员
1851年至1859年	担任普鲁士驻法兰克福邦联议会特使；儿子威廉（1852—1901）出生
1859年至1862年	担任普鲁士驻圣彼得堡特使
1862年	被任命为普鲁士首相
1864年	普鲁士和奥地利战胜丹麦，丹麦割让石勒苏益格、荷尔斯泰因和劳恩堡公国给奥地利皇帝和普鲁士国王
1865年	签订《加斯泰因公约》
1866年	遇刺；普鲁士在柯尼希格雷茨战役中取胜；签订《布拉格和约》
1867年	购买瓦尔津；建立北德意志邦联政府，担任邦联首相
1870年	色当战役爆发，俘虏拿破仑三世
1871年	德意志帝国在凡尔赛宫宣告成立，任帝国宰相
1872年	开始文化斗争
1874年	在基辛格遇刺
1875年	"战争在即"危机
1878年	威廉一世遇刺，召开柏林大会
1879年	与奥匈帝国建立两国同盟

1881年　　签订《三皇同盟条约》(德、奥、俄)

1882年　　签订《三国同盟条约》(德、奥、意)

1883年　　开始社会立法：医疗保险(1883)，意外保险(1884)，伤残和养老保险(1889)

1887年　　与俄国签订《再保险条约》

1888年　　三皇之年，威廉二世登基

1890年　　与威廉二世决裂；解职

1894年　　与威廉二世表面"和解"；约翰娜去世

1895年　　八十大寿

1898年　　去世